JN221378

新装版

おそうじ風水

悪運をリセット！
強運を呼び込む!!

李家幽竹
Rinoie Yuchiku

日本実業出版社

はじめに

おそうじをする。

たったこれだけのことで運が劇的に変わることをご存じですか？

今の自分の運は、自分の暮らす空間からもたらされているもの。空間が蓄積した運は、そのまま自分自身に定着されます。

住空間を清浄にすることは、自分に溜まった運気の毒素を取り除き、よい運気を体に貯める環境をつくることにつながるのです。

「部屋の汚れ」は、すなわち、そのまま自分の「運気の汚れ」です。

そして、部屋を清浄にすることは、強運体質づくりにもっとも大切な行動なのです。

もちろん、どんなおそうじの仕方でも効果はありますが、どうせなら、もっとも効率よく運気を変えられるおそうじ法を、実践してみてはいかがでしょうか。

おそうじは、ただ単に空間をキレイにするためのものではなく、自分自身の運気をプラスに変えるものだと強く意識して、楽しみながらのおそうじを心がけましょう。

李家幽竹

Contents

悪運をリセット！　強運を呼び込む!!

新装版　おそうじ風水

Chapter 2
苦手な人はここから始めて！おそうじ上手の「風水術」

Chapter 3

あなたの運気を下げる「汚れ」と「ゴミ」をチェック …… 55

Chapter 4

恋愛運、金運、健康運……願いをかなえる「おそうじ術」

Chapter 5

Chapter 6

「捨てにくいもの」はこの方法でスッキリ処分

Chapter 7
運気を劇的に好転させる「空間の浄化法」

カバーデザイン●吉村朋子
イラスト●あらいのりこ
本文デザイン●関根康弘（T-Borne）

Chapter 1
住まいをきれいにすると運がグングンよくなります！

「住空間の汚れ」は、あなたの「運気の汚れ」。
住まいをきれいに整えることで、
幸せをつかむことができます。
“おそうじ風水”を実践して
願いをかなえた人たちのことを、
少しだけお話ししましょう。

「住まいの汚れ」は「運の汚点」になる

住空間は運気を貯める場所

風水では、衣食住、行動など、生活のあらゆることが運に直結すると考えます。その運を「貯める場所」とは、自分の住まい、つまり「住空間」です。住空間が不浄だと、自分の中に蓄積される運もどんどん不浄なものになっていき、その結果、大きく運を落とすことになってしまいます。

不要なものがたくさんあって雑然とした汚い空間は、あなたの「悪運」のもと。いろいろと頑張っているのになぜか運が悪いという人は、住空間にとどこおりがあることが多いのです。

ですから、自分の運を変えるのは、実はとても簡単。

自分の運を見直したい、悪運をリセットしたい、新しい転機が欲しい、チャンスが欲しいと思い立ったなら、まずは自分の住空間をおそうじしましょう。

どんな人でも、自分の部屋をきれいにすると気分がすっきりするはず。「心地よさ」を感じられる空間からは、自分が思っている以上に大きな運気を呼び寄せることができるのです。

おそうじで新しい運を生み出せる

外出先から帰ってきたとき、家に入って感じる気持ちは、自分の運の良し悪しに大きく影響します。

「部屋が散らかっているなぁ……」「汚れているなぁ……」。こんなふうに思いながら家の玄関を開けるのは、自分の運を落とす大きな原因。そんな気持ちになると、もうその家からもらう運、住空間から得られる運がない人になってしまうのです。

反対に、帰宅したときに家の中がきちんと整頓されている人、家の中が気持ちいいと思える人は、住空間から与えられる「大地の気」を取り込める人。

「大地の気」を取り込める人というのは、新しい物事を生み出していく力が備わった人。すなわち、新しい運を生み出せる人といえます。

家に入ったときに自分がどう感じるかによって、新しい運を生み出せる人なのか、それとも、ただ運を消耗するだけの人なのかが、わかってしまうのです。

汚れた空間からは悪運が生じる

気の流れがよい家とは?

風水では、気の代謝のよい家が「運気のよい家」「運を貯められる家」と考えます。人は代謝が落ちると体の機能が低下し、体調を崩したり、病気になったりします。家も同様に、気の代謝が落ちることで悪運が溜まりやすくなり、運を生み出すことのできない空間になってしまうのです。

風水では幸運を呼び寄せるよい気のことを「旺気《おうき》」、悪運を呼び込む悪い気のことを「煞気《さっき》(=殺気)」といいます。新しいもの、若々しいものは「旺気」が満ちていますが、古くなると生命力が衰えて「衰気《すいき》」となり、しまいには死んだ気、すなわち「煞気」に変わります。

基本的に、気は玄関から入って窓から抜けていきます。気の代謝がよい家とは、その流れに沿って部屋に入ってきた「旺気」が生命力を使い切り、「衰気」となって外にスムーズに出ていく家です。

しかし、玄関が汚れていたり、空間が不浄な家では、「旺気」ではなく「煞気」が入ってくることになります。さらに、ごちゃごちゃした部屋では「衰気」や「煞気」がうまく出ていかず、そこにいつまでもとどこおることになります。

ゴミやほこりは、それ自体が空間に「煞気」を生じさせますから、汚れた空間では、「衰気」や「煞気」がますます増幅されてしまうのです。

家に風を通すと運気の風通しもよくなる

とどこおった「衰気」や「煞気」を取り除き、気の代謝をよくするには、家の中の風通しをよくすることが大切です。部屋の風通しをよくすることは、運の風通しもよくすること。できるだけ窓を開けて換気を心がけましょう。

もちろん、ゴミや不要なものは除去しなければなりません。また、生気のある観葉植物やお花を飾ると、気がよどむのを防ぐことができます。

玄関の扉を少しだけ開けておくと、「旺気」が入りやすい空間をつくることができます。朝などに数分でも開けるようにするのがおすすめ。ただし、玄関チェーンをするなど、防犯面への注意は忘れないようにしてください。

One Point Advice

風通しは窓開け3分でもOK

窓を3～5分開けるだけでも気の代謝がよくなります。朝のちょっとした時間に窓を開けることを習慣づけましょう。

部屋が汚れている人には だらしないイメージがつきまとう

汚れた部屋はだらしない印象をつくる

人の印象は洋服やメイクなどでも決まりますから、身だしなみはとても大事。しかし、本当の意味での〝身だしなみ〟は、実は住空間から生じるのです。

住空間は自分自身の運を貯める場所。すべてにおいて自分の土台になる場所ですから、自分の根本的なイメージは、住空間によって決定づけられるといっても過言ではありません。

きれいにお化粧をして高価なブランド品を身に着けていても、なんとなくだらしない印象を与える人がいます。そういう人は、住空間が不浄だと思って間違いありません。

人は、自分の部屋のイメージを背負っています。自分のイメージをよいものにするためには、まずは住空間をきれいにすることが大切です。

部屋がいつも散らかっている人は、どうしてもだらしない印象を与えてしまいます。ゴミを捨てられずにいる人は、それが自分自身の印象になることを覚えておきましょう。

古い衣類と人形の整理で恋人ができた女性

古い布地は出会いを遠ざける

以前、鑑定の依頼を受けたある女性の話です。

その方は、なかなかいいご縁にめぐり会えず、自分に問題があるのではないかと、とても悩んでいらっしゃいました。そのうえ、会社の同僚からはちょっとしたいじめを受けているというのです。

とてもかわいらしい24～25歳の女性でしたが、男性とのお付き合いの経験がまったくないそうで、ご本人もご両親も、良縁を強く望んでいました。

早速、その方の部屋にうかがったところ、インテリアなどはとても女性らしく、かわいらしくまとめられていましたが、そこには「縁」を妨げる大きな問題がありました。

子どもの頃からの衣類と人形、昔からの手紙が、それはたくさん収納されていたのです。また、ちょっとほこりが溜まった部屋でもありました。

衣類などはきちんと整理されていましたが、とにかく子どもの頃からのものですから、大量に、収納家具にぎっしりと入れられていました。

風水では、布は「縁」をつかさどると考えます。袖を通さない洋服や古い衣類をたくさん取っておくことは、古い縁を溜め込むこととみなされ、新しい出会いを遠ざける大きな

原因になるのです。

また、人形やぬいぐるみは、その部屋の住人とともに運気を吸収します。

本来なら人間が吸収する運気を、人形やぬいぐるみと分け合うことになりますから、あまりたくさん飾ることは、おすすめできないのです。


こうしたことをご説明申し上げましたが、人形やぬいぐるみはどうしても捨てられないとおっしゃるので、まずはじめに、小さい頃からの衣類の処分と、部屋に溜まったほこりをおそうじするようにすすめました。

部屋のおそうじで恋人ができる！

その女性は、アドバイス通りに衣類を処分し、おそうじをしたそうです。それからまもなく、その方からお礼の手紙を頂戴しました。

何と、部屋のおそうじをした後、すぐに数々の出会いに恵まれることになり、2

One Point Advice

ぬいぐるみは気を分け合う相手

キャラクターグッズを部屋にいっぱい置くと、気が分散します。部屋の広さと相談して、あまり置き過ぎないように気をつけましょう。

か月後には恋人ができたというのです。

この出来事で気持ちにふんぎりがついた彼女は、ずっと捨てられなかったたくさんの人形とぬいぐるみを整理し、思い切って処分したところ、悩んでいたもうひとつのこと、職場でのいじめがなくなったそうです。

この方は、それから8か月後、幸せなご結婚をされました。

新しい出会いは、空間のとどこおりを改善したときに生じやすいもの。おそうじをして部屋の汚れを取り除いたり、不要なものを捨てることは、その分だけ新しいチャンスや出会いを呼び込むことにつながるのです。

水まわりのおそうじで成功したある人気マンガ家

忙しくても水まわりだけは清潔に

私の風水を実践してくださっているあるマンガ家さんは、風水を学んで以来、ひとつだけ欠かさずに行っていることがあるそうです。

それは、「水まわりのおそうじ」。どんなに忙しくても、家の水まわりだけはきれいな状態を保つように心がけていらっしゃるとか。

知り合った頃からすでに有名な方でしたが、「水まわりのおそうじ」を日課になさってまもなく発表した作品が大ヒット。その後、映画化、ドラマ化など、とんとん拍子に大成功を収められたのです。

できる範囲で風水を実践すること

仕事があまりに多忙なので、水まわり、特に洗面所とキッチンのおそうじ程度しかできないとおっしゃっていましたが、それはとても効果的な風水の実践法であるとお話ししました。

風水では「水」は「金」の気、すなわち金運を増やしてくれるものと考えます。水まわりのおそうじを一生懸命することで、どんどん金運を増やし、また楽しい仕事ができるようになったのではないでしょうか。

もともと才能のある方でしたが、水まわりのおそうじの効果によって、ご自分の運と才能をさらに飛躍させたのです。

自分の運気を上げるには、生活の中に、できる範囲で無理なく風水を取り入れることがもっとも効果的です。水まわりのおそうじは、お金を増やし、さらに愛情を増やしてくれる働きがあります。忙しい方は、ここだけでもおそうじを。

一家の大黒柱が北西方位をおそうじすると開運に

北西方位に水まわりがあった男性の例

風水では、「その空間をきれいにした人に、その空間のもつ運がついてくる」と考えます。一家の大黒柱であるご主人を表すのは、北西の方位。つまり、北西のおそうじをご主人がされることで、ご主人の運気が鍛えられると考えるのです。

とても仕事のできる男性で、強く出世を望まれていたのですが、いつも同僚に一歩先を越されてしまうという方がいました。その人のお宅を拝見したところ、原因は明白でした。北西にあるバスルームが水あかで汚れていたのです。出世を望むのであれば、この方位を清浄に保つことが大切です。

そこで私は、奥さんではなく、ご主人がバスルームのおそうじをするようおすすめしました。ご主人はすぐに実践され、毎日、バスルームをキレイに洗われたそうです。

ほどなく念願の昇進を果たし、その後、海外に栄転されました。

「金」の気は「水」の気で増える

北西方位にかぎらず、その家の主人が水まわりのおそうじをすると、「水」の気が作用して、金運を上げることができます。「金」は「水」の気に触れることで増えるという性質があるのです。

金運をよくしたいと思ったら、たとえ月に一度でも、ご主人にトイレやバスルームのおそうじをしていただくことをおすすめします。

また、出世など、ご主人の運を上げるのに大切なのは、玄関のおそうじです。週に一度でも結構ですから、玄関のたたきを水拭きしてください。「水」が空間を清浄にして、「旺気《おうき》」を引き込んでくれます。

元カレの写真を捨てたら10年ぶりに恋人ができた！

写真には撮ったときの「時」が固定される

写真にはその「時」を写した生気が宿ります。別れた恋人の写真をいつまでも取っておくと、その人と付き合っていた「時」が固定されてしまい、この先の「縁」にトラブルを生むことも。

別れた恋人の写真があるということは、その人との「縁」がまだ終わらず、「写真の中では、今でも活動中」ということになるためです。

ご相談を受けた方で、もう10年近くも恋人ができない女性がいました。お部屋を拝見しても大きな原因が見つからなかったため、元カレの写真をもっていないか調べ、あったらすぐに処分するようアドバイスをしました。

1枚だけ残っていた元カレの写真

写真の入ったケースを整理したところ、1枚だけ元カレと撮った写真が出てきたそうです。思い出の品や写真はすべて捨てたと思っていたのに、なぜか1枚だけ残っていたらしく、彼女は即刻、その写真を処分しました。するとすぐ、新しい恋人ができたという、うれしい報告をいただいたのです。

たった1枚の元カレの写真が、新し

い出会いを10年間もはばんでいたのです。

元カレの写真をもっていただけで？　と思われるかもしれませんが、写真のもつ「生気」はそれほど強いものなのです。

よい思い出ではない写真、とくに元カレなどお相手が写っている写真をいつまでももっていると、現在の恋愛運、出会い運に悪い影響が出ます。

その前に、即刻処分することをおすすめします。

One Point Advice

写真の処理はシュレッダーでOK

写真をシュレッダーにかけて捨てるのはOK。ただし、思い出の写真は被写体が写っているほうを内側に折って捨てるようにしましょう。

トイレそうじをする男性はお金持ちになれる

お金がまわらない飲食店オーナーの例

風水では、「お金持ちになりたいなら、トイレそうじを」といいます。これは男女共通のことですが、特に男性には強くおすすめしたい法則のひとつです。

ある飲食店オーナーの男性は、お店はにぎわっているものの、なぜかお金に困っていて、それについて悩んでおられました。お話をうかがいましたが、いくつか小さな問題はあったものの、お店の間取りやレイアウトなどに、大きな障害はありません。

そこで私は、「毎日、ご自身でお店のトイレをそうじしてください」とお話ししました。

トイレそうじは奥様の担当ということでしたが、その日から早速、ご主人がするようにおすすめしたのです。

トイレそうじで店舗が5つに増える

そうして1か月間、このオーナーがトイレを一生懸命におそうじしたところ、さまざまなムダが改善され、ほどなく黒字へ転じることになりました。

その後もトイレそうじをご自身で続けられた結果、お店の売上げは倍増。ひとつしかなかった店舗が5店にまで

増え、大変繁盛されています。

「水」には、お金を増やしてくれる作用があります。自分の家やオフィスのトイレをきれいにする人には、「水」が増やしてくれる大きな「お金」がついてくるのです。

特に男性の場合、その効果は顕著に現れます。

逆にトイレそうじができない男性というのは、お金を生み出す力がない人。お金が入ってもすぐに出て行くという悪循環に陥ってしまう可能性があるのです。

今すぐにでもお金持ちになりたいなら、ぜひトイレそうじを実践しましょう。

One Point Advice

トイレブラシは流せるタイプがよりいい

トイレブラシは雑菌が付着して不衛生になりがち。最近登場している「使い切りタイプの流せるトイレブラシ」を使うのがおすすめ。

Column

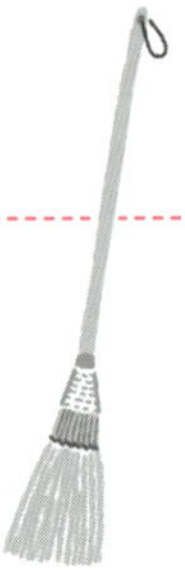

運を補充してくれる「庭」と「ベランダ」のおそうじ

庭やベランダは「補充の運気」を与えてくれる場所です。ここでガーデニングを楽しむことは、失った運の補充をする意味でも、とても好ましいこと。

草木が伸びすぎて、部屋に入る日光がさえぎられることがないよう、まめに手入れをしましょう。

また、自分の家の草花がご近所の迷惑にならないように、気をつけることも大切。

庭やベランダは運を補充してくれる作用をもちますが、それによって誰かが不快な思いをすると、そのマイナスの思いが自分自身に補充されることになります。

庭やベランダは、ときどき掃きそうじをしてゴミを拾い、建物上の問題がなければ、水を少し流してブラシでこすると、床面を清浄にできます。

マンションなどでは水を流せない場合もありますので、ご近所の迷惑にならないようにしてください。

Chapter 2
苦手な人はここから始めて！おそうじ上手の「風水術」

「わかっているけど、片づけられない」
「ものが捨てられない」という人は、
この章を読んでください。
おそうじが苦手な人でも、
「片づけ上手」に変身できる
風水術を紹介します。

「できない」という言葉を1週間だけ封じると「できる」人に

口にすると決定される

おそうじが苦手で、やろうと思っているけれど、なかなか実行できない人もいらっしゃるでしょう。そんな人は、たとえ実際におそうじができない状態にあっても、まず「できない」という言葉を口にするのをやめてください。

言葉には言霊《ことだま》があります。「できない」と口に出して言うことで、「おそうじができない自分」が決定されてしまうのです。

そこで試してほしいのは、「できない」という言葉を1週間封じること。これだけでも、信じられないほど〝おそうじができる自分〟になることができます。皆さんが思っている以上に、言葉の力は自分の行動力に大きな影響を与えるのです。

「できる」と言い続けること

「おそうじをしなきゃ」と思い立つと家中いっぺんにやろうとする人がいますが、その必要はまったくありません。「やらなければ」という負担を感じれば感じるほど、運は落ちていくもの。

まずは、「できる」と自分自身に対して言い続けること。そして、机の上をきれいに拭くなど、どこか1箇所でも実行すると、そこから本当におそうじができる人になっていくのです。

「できるところから実行する」を心がけ、少しずつでかまいませんので、自分の空間をきれいにしていき、そこから運気を吸収していきましょう。

「溜め込み体質」の人は悪運も溜め込む

悪い出来事を忘れられない人

空間に不要なもの、使わないものを溜め込む人というのは、悪運を溜め込む性質のある人。そういう人は、自分自身の運気をより悪いほうに向けるおそれがあります。

たとえば、ちょっとしたトラブルなどよくない出来事が起こったとき、それをすごく悪いこととして受け止め、「大変なことになっちゃった」と何度も口にする人と、「この程度でよかった」とさらりと受け止め、さほど悪い記憶として残さない人がいます。

「大変なことになっちゃった」と騒ぐ人は、起こってしまったよくない出来事を自分の運として、自分の中に記憶してしまいます。

こうした悪いことを忘れられない人は「溜め込み体質」の典型で、さまざまな悪いものを溜め込んでしまいがち。古いもの、使わないもの、生気のないものを部屋に溜め込み、さらには悪運やストレスも溜めて、体の脂肪も溜め込みやすくなります。

けれど、残念ながらお金は貯められません。

ものを捨てれば悪い記憶も薄らぐ

悪運を溜めない「運の代謝のいい人」になるためには、まずは自分の空間にある不要なものを処分すること。ものを捨てることによって、運気の毒素を排出することができ、悪運をリセットできるのです。

この先も使う可能性の低いものは、思い切って捨ててしまいましょう。部屋がスッキリする頃には、今まで溜め込んだ悪い運の記憶も薄れているはずです。

捨てるものを書き出すと実際に捨てられる

汚い空間では思考が固定される

どうしても「ものを捨てるのが苦手」という人は、「捨てるものリスト」をつくってみましょう。まず、家にある不要なものを考え、いつまでに捨てる、誰にあげるなどと書き出すのです。文字にすることは「決定」の運気をもつため、不要なものの処分がしやすくなります。

ただし、「どのセーターをいつまでに」などとあまり細かくつくりすぎないことがポイント。細かすぎると自分自身の負担になり、ひいては自分の運の負担になってしまうからです。

捨てるものリスト （12月1日～12月14日）

いらない衣類（黒）	12月7日までに
本棚の古い本	12月14日までに
コスメ類……	

人にあげるもの

食器	◯◯さんに	12月10日頃

また、散らかっている空間の中で書くのではなく、なるべくきれいな、すっきりと片づいた場所で書き出しましょう。「おそうじをしなくては」「何がいらないのだろう」などと、汚い空間で考えるのはムダです。汚い空間にいると、その環境によって思考が固定されてしまうので、新しいものや、新しい考えを生み出すことはできないのです。

リストは2週間分くらいにする

清浄な空間で書くと、きれいな空間が考える力を与えてくれ、考えた事柄の実現に向かって「気」が動き始めます。「自分の家よりはきれい」といった場所よりは、ホテルのロビー、新しくオープンした雰囲気のあるお店など、自分が「とてもきれい」と感じる場所で書くのがおすすめです。

書いたリストは、テーブルなど目につくところに置いておきましょう。そのリストにしたがって、少しずつ不要なものを処分していきます。

ただし、あまり先まで予定を立てても逆効果です。2週間分くらいまでをつくって、仮に実行できなかった場合には、また2週間後に書き直しましょう。

汚れた空間はおそうじされるのを嫌う

不浄な空間は固定されてしまう

おそうじが苦手という人の話を聞くと、「おそうじをしていると眠くなってしまう」「体がだるくなって、投げ出したくなる」「途中で絶望感に襲われた……」などということが多いようです。

これは、不浄な気を覚えてしまったその空間が、清浄化されるのを嫌って、今のままの汚い空間として固定させるために、おそうじの「じゃま」をして起こる現象です。

空間が「不浄な状態」をしっかりと記憶してしまうくらい長い間、おそうじをしていなかった場所ほど、そのような現象が起こります。

こうした場合には、午前中の早い時間からおそうじを始めましょう。夕方すぎからのおそうじは、より強い「じゃま」が入るため、できれば避けてください。

浄化法を行うと空気が変わる

また、おそうじにかかる前に、塩とお線香で「空間の浄化法」（186ページ参照）を行うと、気がクリアになっておそうじがしやすくなります。

空間の浄化法は、まめに行うと効果が持続しますし、ちょっと自分に嫌なことがあったときや、嫌な話を聞いてしまったときなどにも行うと、空間を

すっきりとさせることができます。

ご家族が留守の間に浄化法を試した人にうかがうと、ご家族が帰宅されたとき、「今日は何だか空気が違う」とおっしゃるそうです。何人もの人に同じことをうかがったので、どんな人でも目に見えない「気」を感じることができるのだと思いました。

また、空間がよどんでいると感じる場合や、風の通りが悪い部屋などでも、この浄化法を行っていただくと、空間に溜まった悪い気を取り除くことができます。

おそうじの前だけでなく、終わった後に浄化をすると、清浄な空間を固定することができます。さらに、空間の汚れだけでなく、自分の悪運もリセットできますので、定期的に実践してください。

お線香を焚《た》いて空間の「気」をリセット

よくない気が溜まると空間が重くなる

なぜかいつも、そこだけ「気」がこもったように感じられる部屋やスペースはありませんか？　窓がない部屋など、風が通らないことが原因の場合もありますが、その空間に「よくない気」が溜まりやすくなっていることも考えられます。

実は私のオフィスでも、そのように感じられる一室がありました。なぜかその部屋だけは、一歩入ると空気が重く感じられたのです。

お線香の煙で部屋の「気」の状態がわかる

引っ越してきたばかりでしたので、まず、すべての部屋でお線香を焚いて空間の

「気」を浄化することにしました（186ページ参照）。どの部屋でもお線香の燃えかすはまっすぐな状態で残ります。ところが、その部屋だけは、お線香の燃えかすがクルクルと渦を巻いたように残っていたのです。

強いよどみがある空間では、このように燃えかすが渦を巻くことがあります。これは、お線香がその空間のよどみを清浄化してくれた結果です。

以前にお住まいだった人が、知らずしらずその空間に「よくない気」を溜め込んでしまっていたようですが、塩とお線香を使った「空間の浄化法」を行ってからは、その部屋でよどみを感じることはまったくありませんでした。

通常、お線香は15～20分もあれば燃えつきますが、そういう空間では30～40分と普通より長い時間がかかることがあります。お線香が燃えつきるまでに時間がかかる場合も、悪い運がそこに溜まっていると考えられます。定期的に「空間の浄化法」を試してください。

3日間だけきれいにすると空間の「記憶」を変えられる

少しずつ空間に「きれい」を覚えさせる

おそうじが苦手な人は、まずひとつの空間だけをきれいにしてみましょう。

1箇所だけでもきれいにして、その清浄な状態を空間に覚えさせ、少しずつ清浄な気を家の中で増やしていくのです。

どこかをきれいにしたなら、その状態をなるべく維持すること。そうすると、空間が「ここはきれいでなくてはいけない」と、その状態を覚えます。汚れた気を覚えてしまった空間に、きれいな気を覚えさせ、「記憶」を変えてしまうのです。

3日間を3回、繰り返せば完璧

「9」という数字は、気の循環を表す数です。空間を9日間、清浄に保つことができれば、それ以降も、その空間の清浄な「気」が保たれやすくなり、おそうじもできるようになります。

とはいえ、いきなり9日間も清浄な状態をつくるのは難しいでしょうから、まず3日間だけでもきれいな空間を保つように心がけてください。

また散らかったらおそうじをして、今度も3日間、次も3日間、きれいな空間を維持します。これで9日間、清浄な空間を保ったことになります。

9日間続けられない人は、まず3日間から始めてみましょう。いつのまにか空間が清浄になり、おそうじができるようになっているはずです。

盛り塩を置いて空間を浄化する

盛り塩でいい意味の変化が起こる

おそうじをした後、空間がとてもきれいになったときに盛り塩を置くと、その空間の気をさらに清浄化させることができます。また、自分自身の運をリセットしたいときや、家の中にいい意味での変化が欲しいときに置くのも効果的です。

ただし、盛り塩はできるだけ人目に触れないように置くか、ポプリポットや香炉などかわいらしい入れ物に入れて、盛り塩とはわからないように置いてください。ガラスの器など、見た目のきれいなものもおすすめです。

気をつけてほしいのは、必ずフタの部分に穴が開いている容器を使うこと。塩を外気に触れさせなければ意味がないのです。

また、盛り塩をいつまでも置きっぱなしにしておくのも×。塩が吸収した悪い気が空間に放出されてしまうためです。通常なら3日に一度、塩を交換すれば問題ありませんが、強いよどみを感じる場合は、毎日取り換えるようにしましょう。

とはいえ、忙しい毎日を送っている方には、3日に一度の交換でも億劫《おっくう》なもの。

私がオリジナルで作っている盛り塩は、塩や製法にこだわっているため、3週間〜1か月ぐらいはそのままで大丈夫です。モチーフの運気ももらえるように、ハートや月、八角形などデザイン性も豊かです。可愛く盛り塩ができるうえ、交換もラクなので便利ですよ。

器はほかのことに使わない

一度盛り塩に使った器は、盛り塩専用の器にして、ほかのことには使わないようにご注意を。特に食器として使うのは絶対にNG。塩が吸収した悪い気を、自分の体に取り込んでしまいます。

花器として使うのはかまいませんが、花のもちは悪くなります。

Column

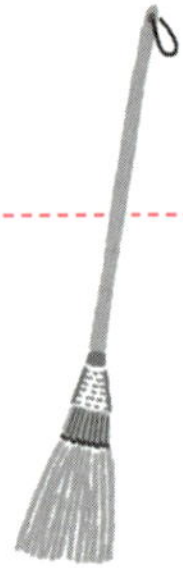

おそうじロボットを活用して“家の代謝”をあげる方法も

　最近は「おそうじロボット」として、自動でゴミを吸ったり、拭き掃除をしてくれる掃除機も一般化してきました。

「こうしたおそうじは風水的にどうなのですか？」と聞かれますが、これはもちろん、とてもよいものだと思います。

　風水では、床が清浄であることが運のいい家の条件であると考えます。

　特に家の中に溜まった悪運の温床となる衰気は床に沈殿していくため、常に床を清浄に保たないと、それが煞気となって空間に悪運をもたらすことになります。

　衰気は、吸い取ることや水拭きをすることで清浄化されるため、おそうじロボットを使って常に空間を清浄にすることは家の代謝をあげて、楽をしながら運のいい空間づくりにつながります。

Chapter 3
あなたの運気を下げる「汚れ」と「ゴミ」をチェック

家の中に、使っていないものや、
不要なものはありませんか?
思わぬものが、あなたの運気を下げる
原因になっているかもしれません。
家中を見まわして、不要なものは
正しい手続きで処分しましょう。

活用していないものは「死んだもの」と考える

不要なものが多くある家は「お墓」と同じ

不要なもの、活用していないものというのは、「生命」のないもの、つまりは生きていないものと見なします。生きていないものがたくさんあるお宅は、死んだものに囲まれた家。そこは生気のない「陰」の気に満ちたお宅、すなわち、「陰宅」（＝お墓）だと考えます。

陰の空間からは、マイナスの運気しか生じません。「陰」という言葉から連想される通り、苦しいこと、悲しいことが起こりやすい空間となってしまうのです。

「陰」が必ずしも悪いわけではありませんが、陰陽はバランスを取ることが大切。「陰」の気の強い住空間からは楽しみごとや豊かさは生じないのです。

ムリに使うと運の負担になる

どこのお宅にも「いつか使うから」と大事にしまっているものがあるのではないでしょうか。けれど、「今必要ないもの」は、実はすべて「いらないもの」なのです。お正月に使う重箱、お花見の食器など、季節ごとに使うものはその範疇《はんちゅう》ではありません。それらは普段しまってあっても、季節がくれば必要になるものだからです。

今、家の中にあるものを見て、すぐに使い道が思い浮かばなければ、それらはすべて不要なものだといえます。それを使うために一生懸命使い道を考えるのも悪いわけではありませんが、本来は不要なものをムリに使うのはよくありません。空間に負担をかけることになるからです。

期間限定でも「確実に使うもの」と、取ってはあるけれど「使わないもの」の見極めをきちんとして、不要なものは処分することが大事です。

くれぐれもご自宅を「陰宅」にしないようにご注意を。自分の空間は「陽」のお宅、「陽」の気の満ちた空間にしていきましょう。

ものから得られた運気に感謝して捨てること

捨てることで再生へとつながる

ものを処分するときは、それが自分に与えてくれた運気に対して、感謝をしてから捨てましょう。

ただ捨てるのでは、ものの運気をいたずらに消耗するだけです。

風水ではすべてのものは循環していると考えます。寿命がある間はきちんと活用し、寿命がつきたものは捨てることによって、次なる再生へとつながっていくのです。

「ものの寿命」というのは、それがまだ使えるかどうかで測るのではなく、「運気上の寿命」のことです。

One Point Advice

「まだ使える」は買い替えのサイン

「くすんできた」「汚れている」「いつの間にか欠けている」、毎日使っているものがこうした状態になったら処分しましょう。

日用雑貨の寿命は短い

新しいものには生気がありますが、それは使っているうちに徐々に失われていきます。古くなってしまったものからは、新しい運をもらうことはできません。

「まだ使えるから」と古びたものを使い続けるのではなく、きちんと処分し、新しいものに替えることで新しい運気が生じるのです。

特に日常的によく使うものは、意外に寿命が短いもの。ものの寿命は値段が安いほど短く、使用頻度が多いほど短くなりますので、毎日使う日用雑貨類なら、寿命は1年ぐらいと思ってください。寿命が終わっても使用し続けるというのは、ものを酷使している状態。

そこから発展的な運気を得ることはできません。

未使用のものなど活用していないものを捨てるのは、決していい捨て方ではありませんが、「活用していないもの」＝「死んだもの」。死んでしまったもの（生気のないもの）は、捨てるしかないのです。

プラスのことを思い出して処分

それでも、まだ使えるものを捨てるときには心が痛むこともあります。そうしたときは、ものから得たプラスのことを思い出し、そのものに感謝してください。

たとえば、グラスを処分するときには「このグラスでこんな楽しい食事会をしたな、ありがとう」、お気に入りだった古い洋服なら「自分はとてもかわいらしく見られたはず。よかった」など、使って楽しかったことを思い出しましょう。

その反対に、その服を着ていたときに嫌なことがあった、失恋したなど、マイナスなことを考えるのは、運を落とす行為になります。

プラスのことを考え、さらに感謝しながら捨てることで、そのものから得た運を、これからも自分の中に生かすことができるのです。

古い衣類を整理して「出会い運」アップ！

縁がない女性は衣類を捨てられない人

特に女性には、「縁がない」「出会いがない」という人が多くいます。「恋愛運がいい、悪い」という以前に、まったく「出会いがない」という人は「洋服が捨てられない人」がほとんど。

布地は「縁」をつかさどりますから、どんなにきれいな状態であっても、着ない洋服をいつまでも取っておくのは、自分の「縁」の運気をとどこおらせることになるのです。

洋服を捨てるかどうか見極める際のポイントは、この先、その服を着る機会があるかないかです。

以前は着られたのに今は着ることができなくなった洋服を、いつかまた着たいからしまっておくという場合は、3年を目安に考えましょう。

3年間着ることがなかった洋服には、布としての運がすでにありません。その洋服を着ても、そこからよい運気を得ることはできなくなりますので、思い切って処分することをおすすめします。

クローゼットの中の古い洋服をチェック

流行遅れの洋服をいつまでもクローゼットにしまっておくと、女性は老けやすくなり、古いイメージの女性になるおそれがあります。

ほんの数回しか袖を通していない新品同様の品や、あるいは高価な洋服だったりするとなかなか捨てにくいものですが、それらも処分したほうが運気的にはプラスです。

また、チープなイメージの洋服や布は、上質なものに比べて、もともと寿命が短いもの。着ないのにいつまでもタンスの中に取っておくと、自分に訪れる縁もチープなものになるおそれがありますから、早めに処分するよう心がけましょう。

着ないスーツは男性から「動」の気を奪う

男性の場合、着なくなったスーツを長く取っておくと、「動（行動）」の気が失われます。初任給で購入したものなど何かの記念に買ったスーツや、それを着ていて特別にいいことがあったというような思い入れの強いスーツは別として、ただ着なくなったスーツを保管していると、行動力が鈍り、チャンスを得づらい体質になってしまうのです。

男性のスーツは晴れた日に捨てると、この先の発展につながります。ただし、ビニール袋に入れてそのまま捨てるのはNG。黒っぽい紙袋に入れて捨てましょう。

女性のスーツなら、白っぽい紙袋に入れて捨ててください。

また、スーツの袖は内側（前）にたたんで捨てると、運を逃さずに捨てることができます。袖を内側に折ったら、くるくる丸めてから捨てましょう。

その際、生ゴミとは必ず区別して捨てるように。生ゴミの臭いがつくと、将来の自分の運気によくない影響を及ぼします。紙ゴミとなら一緒に捨ててもかまいません。

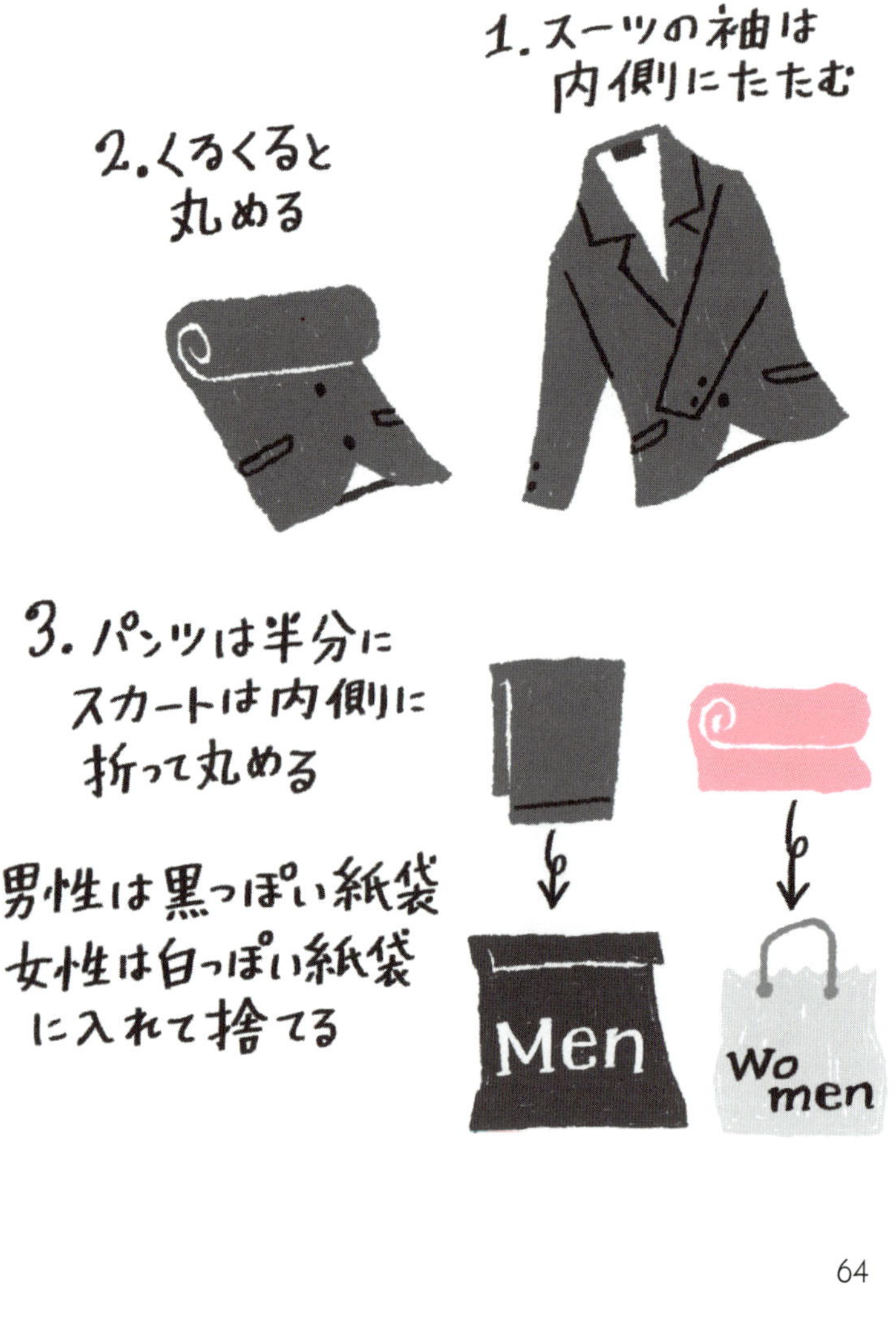
1. スーツの袖は
内側にたたむ
2. くるくると
丸める
3. パンツは半分に
スカートは内側に
折って丸める
男性は黒っぽい紙袋
女性は白っぽい紙袋
に入れて捨てる
Men
Wo
men

女性なら思い出の衣服も処分を

女性の場合、男性と違って、たとえ思い入れのあるものでも、古い衣服を取っておくのはおすすめできません。

女性はもともと「陰」に属する存在。たとえそれがよい思い出であっても、古い衣服を取っておくと、その「古い」という「陰」の気が、よりいっそう「陰」の気を強めることになってしまうのです。

女性は、衣服を次々と新しいものに替えていくことによって、新しいチャンスを得ることができます。繰り返しますが、古い洋服は思い切って処分することから、さまざまな運が生じます。まずは自分の収納を見直してみましょう。

One Point Advice

家具は拭いてから捨てる

衣類を捨てたことによって不要になった家具などの粗大ごみを捨てるときは、重曹水で拭いてから捨てるようにしましょう。

布製品の再利用は「縁をつなぐ」ことにつながる

布はあらゆる出会いを呼ぶ

布は「縁」をつかさどりますので、古い衣類だけでなく、ランチョンマットやテーブルクロスなど、古い布製品をいつまでも取っておくと、それだけで出会い運がない人になってしまいます。

「縁」というのは、恋愛運にかぎらず、自分を引き上げてくれる人との出会いなど、あなたにとって有益なすべての出会いのこと。

自分に幸せをもたらしてくれる人やものとの出会いが欲しければ、まずは布の整理を始めてみましょう。また、布製品を収納する場所は、いつもきれいにしておくことが大切です。

再利用は「縁をつなぐ」意味をもつ

もう使用しないものはリサイクルショップに売ったり、人に差し上げるのもひとつの方法です。また、たとえばデニム生地でバッグをつくるなどリフォームして新たに活用することは、布に新しい生命を与え、「縁をつないでいく」ことにつながります。

ボランティア団体などに送って誰かに利用していただくことも、「運の循環」になるのでおすすめです。

ただし、「いつか人に差し上げよう」「いつかリフォームしよう」「いつかボランティアに役立てよう」と思いながら、いつまでも取っておくのはNG。そういう気持ちがある場合は、2週間以内に行動を。

それができない場合は、迷わず捨ててしまいましょう。

One Point Advice

古着を買ったときは

きれいに洗い、太陽に当ててから使いましょう。生地の素材に問題がなければ重曹水で洗うのもおすすめです。

不要な手紙は「出会い」を遠ざける

郵便物はそのつど整理を

紙ゴミを整理できる人とできない人とでは、出会いの運気に大きな差が生じます。豊かで楽しい出会いに恵まれるためには、日頃から不要な紙類を溜めないようにすることが大事です。

送られてきた郵便物を開封したまま、または開封もせずにテーブルや机の上に置きっぱなしにしていませんか？

通信にかかわるものは「風」の気、すなわち「縁」をつかさどります。届いた郵便物をそのまま放置しておくと、それだけで「縁」の気がとどこおってしまうのです。

郵便物は「いるもの」「いらないもの」と分けるのを、毎日の習慣にしましょう。フタつきのボックスを3個つくり、各箱を「いる」「いらない」「まだわからない」として、郵便物を分類していくのもおすすめです。

いらない紙ゴミをきちんと見切って、それを処分できるかどうかで、あなたの出会いの運気は変わってきます。不要な郵便物は溜め込まないようにしましょう。

One Point Advice

手紙の捨て方と保存方法は?

シュレッダーにかけて捨てましょう。保管したい場合はプリンターのスキャニング機能などを使って電子データで保存するといいですよ。

結婚運に影響が出るインテリア雑貨

こだわりのない雑貨で結婚運に恵まれない人に

こだわりや季節感のないインテリア雑貨をいつまでも使っている人は、部屋が片づかないだけでなく、結婚の運気を失うことになります。そのうえ、この先の家庭運にも悪い影響を及ぼすので、注意してください。

家の中に、いつからそこにあったのか、また誰が買ったのかわからないような、こだわりのないインテリア雑貨がありませんか?

そうした雑多なインテリア雑貨をいくつも部屋に置いていると、空間のよどみが増幅されていきます。こだわりがなく、部屋になくてもいいものならば、家族と相談して処分してしまうことをおすすめします。そんな小さなことから、空間の気の流れが改善され、すっきりと片づけられる家になっていくのです。

季節感のないインテリアは「時」の運を逃す

また、冬なのに、水着を着た人形が置いてあるなど、季節感を無視した雑貨を置くと、「時」の運を逃し、チャンスに弱い人になってしまいます。その「季節」にはその「時」の運があるからです。

インテリア雑貨は、季節に合わせて飾り、また季節の変わり目ごとに必要なものかどうかを見直すことをおすすめします。

金運に影響するキッチンの食材

食材をムダにすると貯蓄運を逃す

つい食材を買いすぎてしまい、古くなったからと捨てたり、ムダにしていませんか？　必要以上の食材を買い込んでしまう人、またそれを使い切らずに捨てている人は、お金を貯められない人になります。

お肉をムダにすると金銭を溜め込む力が失われ、野菜をムダにすると発展運や若さが損なわれ、病気を誘発することも。また、古い乾物を溜め込むと行動力がダウンしてしまいます。

特に古いオイルを取っておくのは金運を下げる行為。酸化したオイルをキッチンに置いておくと、金運を燃やしてしまいます。オイルは小さいサイズを使い切り、まめに新しいものの封を開けるようにするのがベストです。

固まってしまった調味料は処分を

古くなり固まってしまった調味料は、キッチンに溜まった悪いもの、よどんだ気を吸ってしまっています。それを料理に使うと、そのよどんだ気を体内に取り込むことに。これは絶対にNGです。

おしゃれな容器に入った調味料やハーブなどのスパイスを、使わずにインテリアとして飾っている場合は、潔く処分してください。

キッチンはインテリアだけを考えず、実用性を重視しましょう。ただし、実際に使っているものをおしゃれに飾るのは、むしろおすすめです。

紙類、情報、古いメールは仕事運に悪影響が出る

不要な書類は仕事の効率ダウンに

書類や本などの紙は「木」の気をもちます。「木」の気は成長や発展、若さの運気をつかさどりますので、古い紙類をいつまでも取っておくと、知らずしらずのうちに、自分の若さや成長の運気が損なわれることに。

行動力がダウンして、仕事の効率が落ち、やる気がなくなる、ミスが多くなるなど、仕事に関する悪影響が出やすくなります。

特に新聞や本、雑誌はその「時」の運をつかさどり

One Point Advice

書類はデジタル保存を

書類は可能であればプリンタのスキャニング機能などを使って電子データで保存するようにしましょう。PC内のフォルダ整理も忘れずに。

ますから、古い新聞や雑誌、不要な本を取っておくと、「時の運」のない人、つまり、チャンスに弱い体質をつくってしまうことになるのです。

仕事運をよくしたい人は、必要な書類以外はできるだけ早めに処分し、書棚や机の上はいつもきれいにしておくことが大切。必要と判断して保管した書類も定期的にチェックして、必要がなくなった時点で捨てていきましょう。

女性は老けて見られることに

また、女性の場合は本や雑誌を大量に保管しておくと、実年齢よりも

老けて見られますのでご注意を。必要な情報は切り取ってスクラップして保管するよう心がけましょう。

パソコンの中も風通しよく

携帯電話やパソコンのメールを溜め込む人は、自分にとって有益な「情報」の運気を得られません。用件がすんだメールは削除する習慣をつけましょう。特に、つながりをもちたくない相手からのメールは、すぐにゴミ箱へ。

パソコン内の不要になった書類も同様です。デスクまわりがいつも片づかない人は、パソコンに不要な情報が多い人です。こういう人は、パソコンの中から整理すると、デスクまわりもきれいにすることができます。

健康や容姿に影響するタオル、トイレタリー類

肌触りの悪いタオルは女性の容姿を衰えさせる

水まわりに漂うよくない気（＝水毒）は、古い気と合わさることでより増幅します。「水毒」が溜まるとさまざまな病気の原因にもなりますので、水まわりはいつもきれいにしておくことが大切です。

特に女性の場合、ぼそぼそとした肌触りの悪い、古いタオルを使うと、健康運ばかりか容姿にも悪影響が出ます。健康や美しさを保つためにも、日頃から肌触りのよいものを使ってください。

もちろん男性の場合も、古いタオルは使わないほうが無難です。

また、トイレタリーは半年程度で交換するのがベストです。健康に何か問題がある人は、古いトイレタリーを使っていることが多いようです。古いトイレタリーは、人の生体機能そのものをダウンさせてしまうのです。

トイレタリーを新しくするなら肌触りのいいものを使いましょう。また、白いタオルやマットを使うと、病気のもとになる「水毒」が体に溜まりにくくなります。

高価なものを買う必要はありませんので、なるべくまめに替えることが運気の上昇につながります。

マット類は運気にとって重要

人は足で踏むものから運気を吸収

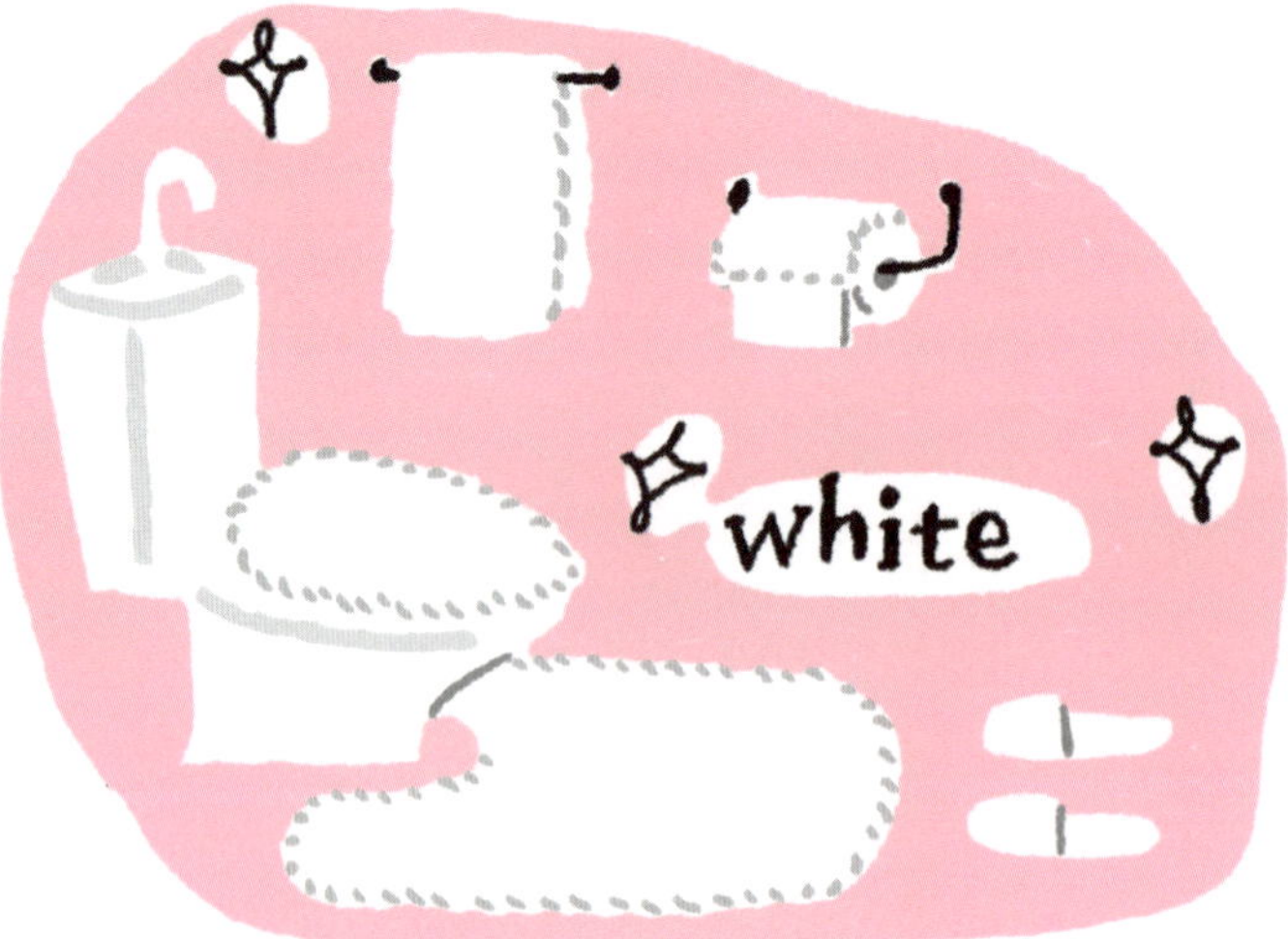

します。足で踏むもの、つまりマット類は、皆さんが思っているよりも運気に大きな影響を与えるアイテムです。

トイレの床がテラコッタタイルなら、トイレマットを敷かなくてもかまいませんが、そうでない場合には必ず敷いてください。健康運や「水」から生じる金運を豊かにすることができます。

バスマットのように水から上がって最初に踏むものは、より吸収する気が強くなります。バスマットは洗濯もこまめにして、いつも清浄な状態を保ちましょう。

One Point Advice

トイレタリーの基本は白

おすすめの色は白。「暗い雰囲気の家を明るくしたい」という場合は淡いピンク、グリーン、イエローなどのパステルカラーもおすすめ。

若さ・美容運に悪影響を与える使わない家電製品とコスメ

使わない家電が多いと肌荒れやできものが……

家の中に使わない家電がたくさんあると、発展運が失われ、さまざまな意味で「古い人」、つまり、若さのない人になっていきます。容姿も輝きを失い、どことなく老けた印象が漂う人になってしまうのです。

美しさは「火」の気がつかさどります。家電製品は「火」の気をもっているので、それが古びていたり、いつまでも使わないで取っておくと、自分の容姿の印象も古びてしまうのです。

特に、悪い「火」の作用で肌荒れや、吹き出物などができやすくなります。使わない家電製品は処分するか、使う人に差し上げましょう。

古いコスメは容姿をくすませる

容姿をくすませる原因としては、使わずに溜め込んでいるコスメも挙げられます。何年も前のコスメをたくさんもっている人は、美容運に悪影響を与えます。

それがたとえ高価な品だったとしても、古いものや使わないものは思い切って処分しましょう。光沢のある袋に入れて捨てると、自分自身の「美しさ」をより輝かせることができます。

コスメのように自分の顔や肌に触れたものを捨てるときは、お肉やお魚のパッケージといった臭いを発するものとは一緒に捨てないのが鉄則。必ず、捨てる袋を分けましょう。

家庭運に影響がある
ダイニングルーム

ダイニングテーブルには紙類を置かない

ダイニングルームの状態は、家族全員の運気に影響を及ぼします。

ダイニングテーブルの上には、文房具、新聞、ダイレクトメールなどの郵便物を置きっぱなしにしないように心がけましょう。

それら「木」の気をもつものを食卓に置くと、食卓から生じる「金」の気が、「木」の気によって消耗させられてしまい、金運が大きくダウンしてしまいます。

ダイニングまわりの注意点

また、ダイニングのイスのクッションやランチョンマット、コースター、グラスなどが汚れていると、家庭運、つまり家族全員の運気が悪くなります。きれいに洗濯したものか、新しいものを使うようにしましょう。スリッパなども同様です。

お箸やカトラリー、食器の捨て方

古いお箸は、家庭運、財運、金運に影響を及ぼします。菜箸なども含めて、お箸を捨てるときは、紙でくるくるとくるんでから捨てると、それらの運を補充することができます。紙は特別なものではなく、普通の紙でかまいません。

ナイフやフォークといったカトラリー、食器も家庭運につながります。古いカトラリーや使わない食器からは運を得られません。

古くなったカトラリーは磨いて使うか、新しいものに替えましょう。古いカトラリーはそのまま捨ててしまってかまいません。食器を捨てるときは少し割るか、塩水につけてから捨てると、悪運をリセットすることができます。

いらない箱や容器を溜めると家の運気を落とす

中身のない箱は「魂のないもの」と考える

お菓子の入っていた容器やきれいな空き箱などを、「何かに使えるかも」などと、ずっと保管している人は多いのではないでしょうか。

しかし、中に本体のない箱や容器は、いわば「魂のないもの」。それを溜めることは家の運を下げることにつながります。実際に別の使い道があるなら問題はありませんが、そうでない場合は、箱は中身を守ることが役割と考え、潔く処分してしまいましょう。

また、プラスチック製品はよくない「火」の気が強いので、かわいいデザインの箱であってもすぐに処分することをおすすめします。

繰り返しますが、活用していないものを部屋に溜めないことが大切。家の中を見まわし、「そのうち使おう」と思ってそのままになっている空箱や不要なプラスチック容器がないかご確認を。

One Point Advice

デザイン缶を小物入れにしてOK?

お菓子の缶などを小物入れに使う方もいるようですが、この場合、「なんとなく取っておく」はNG。実際使っていれば問題ありません。

古い靴は靴底を拭いて捨てると新しい運気をもらえる

古い靴はチャンスを逃すもと

風水では、靴は行動力を表すもの。また、「自分を運のいい場所へ連れて行ってくれるアイテム」と考えます。汚れたり、古くなった靴をいつまでも履いていると、行動力がダウンし、運やチャンスに弱い人になってしまいます。靴の環境を整えることは、幸運にめぐり合う近道なのです。

古くなったり、あるいは新しくても足に合わないなどの理由で履かない靴は、思い切って処分することが大切です。

ただし、靴はあなたを運のよい場所へ導いてくれるアイテムですから、そのまま捨てると、これまでの自分の行動や運気が「なかったこと」になるおそれも。

靴底を拭いてから捨てる

捨てるときは、靴底を一度拭《ふ》いてから捨てましょう。靴底を拭いて捨てることで、自分にまた新しい運気がやってきやすくなるのです。

できれば紙に包んだ少量の塩を、ゴミ袋の中に入れてください。ほかのものと一緒に捨てるのはかまいません。

心から感謝をして捨てると、その靴から得られた運気を、今後も生かすことができます。

玄関先にゴミを置くと家中の「気」がよどむ

ゴミを玄関に置くと「煞気《さっき》」の空間に

ゴミ収集日の前夜は、玄関にゴミ袋を出して就寝するという人もいるようです。しかし、玄関は気の入ってくる場所。定期的に玄関にゴミを置くことで、ゴミから生じるよどんだ気を空間が覚えてしまうことに。もちろん、玄関の中だけでなく玄関の外に置くのも、「煞気《さっき》」が入りやすい空間をつくってしまうため、おすすめはできません。

たまに置くぐらいならさほど大きな問題ではありませんが、ゴミの日に毎回、玄関先に置くのを習慣にしてしまうと、玄関が「煞気」の入ってきやすい空間になってしまいます。

こうなると、空間は汚い状態で固定され、きれいにするのが難しくなります。

玄関に置くなら布をかけるなど工夫を

どうしても、少しの時間でも玄関にゴミを置かなければならない場合は、「その空間にゴミがある」ことがわからないように、フタつきのカゴなどに入れたり、せめて布をかけるなど、空間がゴミの気を覚えないように工夫しましょう。こうすることで、ゴミから悪い気が生じるのを抑えられます。

また、玄関内に鏡があるお宅は、そこにゴミが映らないように注意を。鏡は「映ったものを増幅する」作用をもちます。玄関の鏡にゴミが映ると、ゴミの気が増幅され、そこはゴミの空間になってしまいます。くれぐれも注意しましょう。

One Point Advice

ほうきやちりとりの収納は?

玄関にほうきとちりとりを出しっぱなしにしていませんか?その場合は、目に触れない場所に隠すか、布などで覆うようにしましょう。

生ゴミの臭いを放置すると悪運を呼び込む

生ゴミは紙に包んで捨てる

生ゴミは、できれば紙に包んで捨てましょう。そうすることで臭いを抑えられます し、紙を一回通すことによって、生ゴミから悪い気が漂うのを防ぐことができます。新聞紙やちらしなどで包むのがおすすめです。

また、キッチンの床などに、ビニールのゴミ袋をそのまま置くのは最悪の行為。ゴミの臭気とともに悪い気がキッチンに満ちることになり、これは金運ダウンに直結します。フタのある生ゴミ専用のゴミ箱などを使って、悪い気をシャットアウトしましょう。

部屋のゴミ箱もフタつきに

ゴミから生じるよどんだ気は、空間に悪影響をもたらします。部屋のゴミ箱もフタ付きのものにするのがおすすめです。小さめのものを選び、ゴミをたくさん溜めずに、こまめに捨てるよう心がけましょう。

また、空間に漂うゴミの臭いにはくれぐれも注意が必要。空間の臭いはそのまま自分の運気となり、縁となります。できるだけ臭いが出ないように工夫することが大切です。

臭いを吸収する、環境にやさしい消臭剤なども出ているようですので、そういったアイテムを使ってみるのもよいでしょう。

屋外に置くゴミ箱は洗えるものに

ゴミを収集日に出すまで、家の外のゴミ箱に置いておく場合、もっとも重要なのは、衛生的なゴミ箱を使うことです。古くて老朽化したゴミ箱はNG。汚れたり古くなってきたら、新しいものに取り替えましょう。

できればステンレス製や、軽くて使い勝手のよいアルミ製のゴミ箱など、洗えるものがおすすめです。もちろん、木製でもきれいな状態を保てれば問題はありません。

プラスチックはゴミの気を増やし、金運を燃やしてしまいますから、なるべく避けて。

外側がステンレスなどで、内側のペールだけにプラスチック素材が使われている場合は問題ありません。外側がプラスチックでなければ、よくない「火」の気が外に発することはありません。

ゴミを捨てて出勤するご主人は出世が遅れる

ゴミ出しした手で出社すると「成長」の気を失う

朝、出がけにゴミを捨てる人も多いかと思いますが、基本的にゴミを捨てた手で一日を始めるのは、運気的にはあまりよくありません。

ご主人が毎朝、ゴミを出して、そのまま会社へ行かれるご家庭もあると思います。もちろん、家を出るついでなので、それが悪いというわけではありませんが、ご主人が出世や収入アップを望むのであれば、ゴミ出しをした手のままで会社へ行かれることはおすすめできません。

ゴミ出しをして会社へ行くという「始まり」をつくってしまうと、ゴミから生じる「衰退」の気を受けることになり、「成長」の運気を失うことにつながります。

行動力が低下し、出世や収入アップに悪影響が出てしまうのです。さまざまなトラブルや病気を招きやすくなってしまうことも……。

ゴミの気をぬぐってから出かける

とはいえ、毎回のゴミ出しの後、いったん家に戻って出社されるのも大変です。そこでおすすめなのは、ゴミを捨てた後、ウェットティッシュでゴミの気をぬぐってから出かけるようにすること。

手を洗うのがベストですが、ウェットティッシュで手をきれいにするだけでも、ゴミから生じる悪い気を清浄化できます。

財布は雨の日に捨てると金運アップに！

晴れた日の午前中は「陽」の気が強い

いらないもの、古いものには「陰」の気がこもりますので、基本的には晴れた日の午前中に捨てましょう。

「陰」の気が強いものを雨の日に捨てると、そのものから「離れる」ことができなくなってしまうことも。水には「つなげる」という運気がありますから、いらないものとの縁が切れず、「別れる」という「離」の気が生じないのです。

ただし、ものによっては「陰」の気が強い日に捨てるとよいものもあります。たとえば財布など、お金に関するものです。

「縁」をつなげたいものは雨の日に捨てる

「財布は水のそばに捨てると金運アップにつながる」とお話ししたことがありますが、なかなかそのような捨て方をするのは難しいようです。

また、環境を害するような捨て方をなさる方もいるようですが、人や環境に迷惑をかける捨て方は、「捨てる」ことで得られる運を失うどころか、この先の自分の運気を下降させることにつながります。

そこでおすすめしたいのは、雨の日に捨てること。「金」の気は「水」の気で増えますから、わざわざ水のそばに行かなくても、雨模様の日に捨てることで同様の効果を得られます。

財布だけでなく、「金」に関するもの、この先も「縁」をつなげていきたいものに関しては、雨の日に捨てるのがポイントです。

旅行先で捨てると運を上げられるものって？

ジュエリーを水に流すと金運がよくなる

旅行などで、きれいな水の流れる川や湖のある場所に出かけたときは、使わなくなったジュエリーを水に流してくるのがおすすめ。そうすることで、これから先、自分のまわりに楽しみごとや金運が生じるなど、さまざまな「豊かさ」に恵まれるようになります。女性の場合は、「玉の輿」運も得られます。

ただし、捨てるのは必ず天然石だけにしてください。

ビーズやプラスチック製品を水に捨てることは、環境破壊につながります。せっかくジュエリーを水に流して金運を得ようと思っても、環境や人に迷惑をかける行為をした人が運を得ることはありません。それどころか、もって生まれた自分の運を下げることにもなります。

ジュエリーを水に流すときは、そのジュエリーを身に着けていることで得られた運や楽しかった出来事に感謝するとともに、環境にも感謝をしながら捨てましょう。

水辺の宿に下着を捨てると恋愛運がアップ

水辺に旅行をしたときは、旅館やホテルなどに、不要になった下着を捨ててくると恋愛に関する運気を得

ることができます。

捨てるときは、白い袋（光沢のある白い袋ならなおよい）に、自分の気に入っている下着を1枚だけ入れて、必ずゴミ箱に捨てましょう（川や湖などに捨てるのは絶対にやめてください）。ゴミ箱に捨てるときは、その地域の捨て方に合わせて正しく捨ててください。くどいようですが、運を得るために大切なことは、マナーを守る心なのです。

また、何枚もの下着を捨てることは逆効果です。気に入っていたものを1枚だけ捨てるようにしましょう。

One Point Advice

別れた恋人からのギフトは処分して

別れた恋人にもらったリングや時計などはできるだけ処分して。ずっと取っておくと新しいご縁に影響してしまいますので、ご注意を。

Column

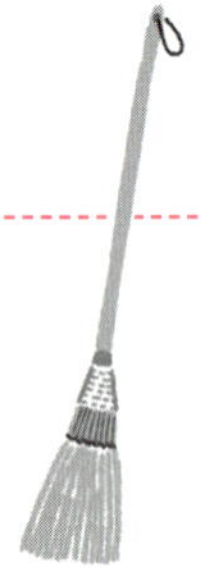

プロの業者さんに頼むことも考えてみる

「どうしてもきれいにできない、どうしよう」などと「おそうじをしなくては」というプレッシャーがストレスになるようであれば、プロの業者さんにお願いする方法も検討してみてはいかがでしょうか。

空間は一度きれいにすると、「きれい」という気を覚えます。その後は自分でもおそうじがしやすくなりますし、清浄な状態を保ちやすくなります。

時には他人に頼ることも大切です。特にお子さんの世話に追われているご家庭や、お仕事を頑張っている人、男性の一人暮らしなど、おそうじが「つらいこと」になってしまっている場合は、おそうじ代行サービスを強くおすすめします。つらいという気持ちでおそうじをしても、空間は100%清浄にはならないからです。

換気扇や水まわりなど、大変なパーツごとにおそうじ代行をお願いするのも効果的です。

Chapter 4
恋愛運、金運、健康運……
願いをかなえる「おそうじ術」

風水では「空間をきれいにした人に
運が向いてくる」とされます。
運気の上昇におそうじは欠かせません。
ここでは、欲しい運気ごとに
「おそうじするとよい場所」
「効果的なおそうじ方法」を紹介します。

おそうじは楽しくすることが大事

「得られる運」を思い浮かべながら

おそうじは、自分が幸せになるためにするもの。今の自分の運気に、本当に満足している人でないかぎり、おそうじは欠かせません。

とはいえ、「おそうじをしなくては」と思いすぎると心に負担がかかり、かえっておそうじができない体質になることも。

おそうじをするときは「これで自分の運が変わる」と考え、これから得られる運を想像し、楽しみながら行うことが大切。自分が〝欲しい〟と思っている運に関することや、願いごとなどを口にしながら行うのもおすすめです。

たとえば、恋愛運が欲しい人は「これで恋愛運がよくなるわ」と声に出したり、出会いが欲しい人は「これでいい出会いが訪れる」などと具体的に言葉にすることで、空間がその運を呼び寄せてくれるのです。

楽しんでやると、空間にも「楽しい」気が入る

空間をきれいにすることは、自分の運を含め、すべてのものを清浄化する行為です。その行動に「楽しい」という感情が加わると、空間にも「楽しい」という気が入ります。清浄な空間は、入ってくる感情をそのまま運として溜め込みますから、「楽しい」と思いながらおそうじをすることで、空間が「楽しい」という運を覚え、そこに住む人を楽しく幸せな人生へと導いてくれるのです。

好きな音楽や興味のある語学学習ＣＤを聞きながらおそうじをするのもおすすめ。清浄化された空間に楽しい言霊や発展的な言霊が入ると、空間の気も活性化します。

その反対に、イヤイヤおそうじをすると、空間に「イヤ」というマイナスの気が入ります。空間が「イヤ」という気を覚えてしまうことは、「イヤ」なことを呼び込む原因になるので、これは絶対に避けたい行為です。

雑巾《ぞうきん》はなるべく きれいなものを

汚い雑巾では空間がクリアにならない

おそうじをするときは、なるべくきれいな雑巾を使うことが大切。

ぼろぼろになった古い雑巾には、雑菌がたくさんついています。汚い雑巾を使っておそうじをしても、その空間は本当の意味で清浄になったとはいえないのです。

新品である必要はありませんが、その雑巾を使って空間の気をきれいにできるかどうか、おそうじの前に見極めてから始めましょう。

また、汚れた雑巾は不浄なものですから、家の中に置いておくとその空間の気がよどんでしまいます。次のおそうじでも使うならば、雑巾はよく洗って日光で乾燥させてから、室内に置くようにしてください。

ただし、あまりにも汚れていたり、雑菌がついていると考えられるものは、おそうじ後に処分するのがおすすめです。

使い捨てのおそうじ用シートも活用

使い捨てタイプのおそうじ用シートも、毎回、清浄なものでおそうじができますから、空間の気をきれいにするにはおすすめです。

ただし、まだ使えるからと、すでに使ったシートを取っておくのはNG。おそうじが終わったら、汚れたシートは必ず捨てるようにしてください。

One Point Advice

雑巾の選び方も目的次第

古布を切ったものでもお掃除OK。ただ、運気を変えたいときや、浄化を目的とするおそうじのときは白い雑巾を使いましょう。

化学系洗剤は「火」の気を強めトラブルを誘発する原因に

よくない「火」の気が金運を燃やすおそれも

洗剤は、天然成分が配合されたものを使うのがベスト。

化学系の洗剤を使い、それを家の中にしみ込ませてしまうと、少しずつではありますが、空間に悪い「火」の気を蓄積させることになります。

悪い「火」の気を蓄積させてしまうと、「発火」の気が強くなり、些細なきっかけでけんかやトラブルが起こりやすくなります。

また、悪い「火」の気は、もっている金運を燃やすことにもつながります。おそうじには、できるだけ天然系の洗剤を使うことをおすすめします。

もちろん、100%天然成分でなくてもかまいません。天然成分配合の洗剤であれば、悪い気を未然に防ぐことができます。

嫌な香りの洗剤は使わない

おそうじで運気を改善するためには、洗剤の香りも重要なポイント。化学的な香りが強いものや、自分が嫌だと感じるような香りの洗剤を使うのはおすすめできません。その香りを空間が覚えてしまい、「香り」のもつ運、つまり恋愛や人間関係など、「縁」に関する運気に悪い影響を与えるためです。

心地いいと感じる香りの洗剤を選ぶだけでも、自分に呼び寄せる運気はよくなります。洗剤を選ぶときには、香りにもこだわってみましょう。

One Point Advice

香りは天然のものを

強い芳香や消臭効果のある洗剤や柔軟剤が出回っていますが、極力、人工的で過剰な香りを避け、天然の香りのものを使うのが理想です。

即効！欲しい運がある人は
ここからおそうじ!!

かなえたい願いに合わせて、おそうじするのもおすすめです。もちろん、一日ですべてをやらなければいけない、ということではありません。できる範囲で、順番通りにおそうじを始めてみましょう。

出会いが欲しい人

玄関全体のおそうじ ↓ リビングなどメインの部屋の窓を磨く（上から下に拭く）↓ 自分を映す鏡を磨く ↓ クローゼットの整理・風通しをよく

する

恋愛運をアップさせたい人

玄関の床を拭いて下駄箱の整理→ドアを拭く→リビングなど一番明るい部屋の鏡を磨く→クローゼットの整理・風通しをよくする

愛情を深めたい人

バスルーム全体のおそうじ→洗面所全体のおそうじ→トイレ全体のおそうじ→ベッドまわりのおそうじ

結婚運をよくしたい人

部屋の角（コーナー）のおそうじ→窓の桟《さん》をきれいにする→窓・網戸を拭く、または洗う→ベランダのおそうじ（余裕があれば水で洗う）・庭を掃く

家庭運をよくしたい人

収納の整理（特に下駄箱と冷蔵庫内）↓ダイニングルーム全体のおそうじ↓リビングのソファの下や家具の上やまわりのほこり除去

お子さんの成長（健康と勉強運）を願う人

排水口をきれいに↓本や古い雑誌の整理と処分↓家電製品まわりのほこり除去↓子どもの机まわりのおそうじ

仕事運をよくしたい人

玄関のドアノブ・扉を拭く↓玄関の床を水拭き↓紙ゴミを捨てる↓パソコンの中の整理↓廊下や階段など、気の通り道のおそうじ

金運をよくしたい人

冷蔵庫内を含むキッチン全体の整理とおそうじ↓お風呂のカビ落とし

健康運をよくしたい人

トイレのおそうじ　↓　家電製品のまわりのほこり除去（特に裏のほこり）　↓　タンスの上など高いところのほこり除去

人間関係をスムーズにしたい人

玄関マットを洗う・取り替える　↓　すべての部屋のドアノブを拭く　↓　古いスリッパの処分　↓　窓・網戸を拭く、または洗う

ダイエットしたい人

鏡を磨く　↓　洗面所全体のおそうじ　↓　水まわりのおそうじ

きれいになりたい人

洗面所全体のおそうじ　↓　ドレッサーを磨く　↓　メイク収納の整理

すべての運気は玄関からやってくる

大地にこもった悪い気を水で浄化

すべての運気は玄関から入ってきます。

玄関の状態により、「旺気《おうき》」だけでなく「煞気《さっき》」も入ってきますから、「旺気」だけを家の中に呼び込むためにも、玄関はできれば毎日おそうじするのが理想です。

毎日はムリでも、せめて週に一度は玄関のおそうじを習慣にしましょう。

玄関そうじのポイントは「水拭き」。「大地」にこもった悪い気は、水で清浄化しないとクリアにならないのです。「最近、なんとなくいいことがない」と感じるときは、毎日、玄関の床を水拭きしてみましょう。すぐに改善されるはずです。

家の中によくないことやトラブルがあったときは、バケツの水にひとつまみの重曹を入れて、その水で絞った雑巾《ぞうきん》で水拭きします。なるべく白くて新しい雑巾を使うのがポイント。これで汚れと一緒に、よくない気やトラブルを起こした悪い気を取り除くことができます。

〈玄関そうじのポイント〉

❶玄関の床を水拭きする

玄関の床をいつもピカピカにおそうじすると、いい運だけを家の中に招いて、さまざまな幸運に恵まれます。ゴミやほこりを掃き、重曹水でたたきの水拭きを。ついてないと感じるときには、玄関の床と靴の裏を1週間、水拭きし続けると、即効で運を上げることができます。

❷ドアノブを拭くと「旺気」が入りやすくなる

ドアノブは、家に入るとき一番はじめにつかむ場所です。そこをクリーンにすることで、空間から運がもたらされます。できれば白い雑巾を使って、きれいに磨きましょう。

❸ドアを拭く

ドアの内側を拭いたら、次に外側を拭きましょう。

❹下駄箱の上や扉を拭く

下駄箱の上にほこりが溜まっていたら拭き取って。幸運の入口である玄関にほこりが溜まっているのはNGです。下駄箱の扉もさっと拭きましょう。

❺鏡を磨く

週に一度、鏡を乾拭《からぶ》きしましょう。鏡が曇っていなくても、忘れずに拭いてください。鏡はいろいろなものを映して、その映ったものの気を増幅する働きがあります。おそうじの最後に鏡を拭いて、「旺気」を増幅させましょう。

❶〜❺のおそうじを一度にすべてできないときは、❶だけを行ってください。1

1. 玄関を
水拭き
2. 3. ドアノブを
拭いたら
ドアの内側
外側の順に拭く
4. 下駄箱を
拭く
5. 鏡を拭く

週間に一度のおそうじがどうしても難しい場合は、2週間に一度でもよいので、玄関の水拭きは必ずしてください。

玄関マットはまめに洗濯する

玄関マットは、外から入ってきた「煞気《さっき》」を払い落とすフィルターの役割をしてくれます。このマットが汚れていると、「煞気」がどんどん家の中に入ってきてしまうことに。

掃除機をかけるのはもちろん、家で洗えるタイプなら、1か月に一度は洗濯しましょう。家庭で洗えないものは、素材的に問題がなければ、天然のリネンウォーターを吹きかけて太陽に干すと、マットにこもった悪い気をクリアにできます。

下駄箱は風通しをよくして清浄に

下駄箱は悪い気がこもりやすい場所。閉め切りにせず、週に一度、扉を30分程度は開けて風を通すことが大切です。

「大地」に触れるもののおそうじは、すべて水拭きが基本。靴はいろいろな場所から、さまざまな運をもち帰りますから、下駄箱の中も、ときどきは重曹水で拭きそうじをしてください。

悪い気は、特に下駄箱の下部分にこもります。気を清浄にするために、一番下の段には炭や重曹など、気を浄化する作用のあるものを置いてください。

また、自分の運気を変えたいとき、大切な用事があるとき、大切な人に会うなど楽しい予定があるときは、靴底を拭いてから出かけましょう。

時間がないときは、ウェットティッシュなどを使って、さっと拭くだけでも効果的です。運のいい靴は、あなたを運のいい場所へと導いてくれますので、靴の裏をまめに拭くことは、自分にさまざまな運をもたらしてくれることにつながります。

傘立ては水はけのいいものを

傘立ては、水はけのいいものを使いましょう。玄関に水を含んだ傘など「水」に属するものがあると、それだけで「陽」の気がなくなってしまいます。傘は雨の日にしか使わないものですから、いつも玄関先に置かなくてもいいはず。収納場所があればそこに傘をしまい、必要なときだけ小さめの傘立てを出して使うのもおすすめです。

ほかに収納場所がなく玄関先に置く場合、陶器の傘立ては「水」が溜まりやすいので、頻繁《ひんぱん》に日に当てて干してください。水はけのよいステンレスやスチール製のものもまめに拭いて、ときどき日に当てましょう。

また、錆《さ》びてしまった傘や壊れた傘、使い捨てのビニール傘、人数分以上の傘は処分することが大切。玄関に安っぽいイメージの傘を置くのは、「豊かさ」や「金運」を消耗してしまうことに。また、「水」に属する傘を人数分以上置くと、玄関に「陰」の気が強く漂うことになります。

おしゃれのために複数本もつことは問題ありませんが、すべてを出しっぱなしにせず、きちんと収納しましょう。

One Point Advice

玄関マットの素材と色は?

玄関マットは、コットン、ウールといった自然素材の、明るい色を選びましょう。こまめに洗濯することもお忘れなく!

リビングルームは掃除機で悪運も吸い取る

リビングルームのおそうじ法

リビングルームは、フローリングでも週に一度は掃除機をかけることを忘れずに。リビングでは「吸い取る」という行動が大切です。

リビングルームの床はいろいろなものが溜まりやすいので、掃除機をかけることで、自分が溜めてしまった悪い運気も一緒に吸い取ることができます。可能ならば毎日でも、掃除機がけすることをおすすめします。

おそうじのポイントは部屋の四隅。リビングは「土」の気をもち、「土」の気は部屋の四隅から生じます。ここをきれいにしていくことは、運の土台を安定させ、リビングのもつ家庭運や仕事運を向上させることにつながるのです。

床と壁の間などに詰まった汚れは竹串などを使ってかき出し、掃除機で吸い取りましょう。細かいところをおそうじすると、運気をしっかり貯めることができます。

特別な日の前には床の水拭きを

床がフローリングの場合は、ウェットタイプの使い捨て拭き取りシートなどを使って、ときどき床を拭きましょう。もちろん、きれいな雑巾《ぞうきん》を使ってもかまいません。「大地」の気をクリアにでき、これから入ってくる運のスペースを空けることができます。

特に、何かの記念日や、お気に入りのアクセサリー、洋服を身に着けるとき、高い買い物をしてそれを使い始める前などは、床を水拭きしましょう。そのアイテムから得られる運気を貯めることができるので、おすすめです。

悪いことや嫌なことがあったとき、体調が悪いときなども床を水拭きすると、体に溜まった悪い気をクリアにすることができます。

重曹に
エッセンシャルオイルを
数滴混ぜ
じゅうたんにふりかけて
掃除機をかける
リビングは吸い取るおそうじが大切
特にコーナーは念入りに
フローリングの
床を拭くと
「大地」の気を
クリアにできる
細かいところの
ほこりは竹串で
かき出す

じゅうたんの場合は……

じゅうたんを敷いているご家庭なら、できれば毎日でも掃除機をかけて、小さなゴミはコロコロクリーナーやガムテープを使って取りましょう。晴れた日に、固く絞った雑巾に洗剤をつけて汚れを拭き落とし、扇風機などを使って乾かすのもおすすめです。その際、洗剤は天然成分配合のものを使ってください。

また、気を清浄化する働きのあるエッセンシャルオイルを数滴混ぜた重曹をじゅうたんにふりかけ、しばらくおいて掃除機で吸い取ると、じゅうたんに溜まった悪い気もクリアにできます。汚れもよく取れますし、部屋にはさわやかな香りが漂いますので、ぜひお試しください。ミントやユーカリ、レモンの香りなどがおすすめです。

じゅうたんやラグにはほこりが溜まりやすいですから、ときどき日光浴させるのも運気アップに効果的。じゅうたんは寿命が短いので、高級なものでなく、手頃なものでときどき交換することをおすすめします。

コーナーからおそうじすると部屋はどんどんきれいに

悪運はコーナーに溜まる

空間を清浄にするには、どこかひとつの角からおそうじを始めるのもおすすめです。部屋の角は「土」の気をもち、その家の運の土台を表します。おそうじとは土台、すなわち「土」の気をきれいにすることから始まるともいえるのです。

汚れた空間から生じた悪運や悪い気は、すべて角に溜まります。真ん中だけをきれいにしても角が汚いままでは、そこに溜まった悪運がどんどん真ん中に集まってきてしまうため、部屋はまたすぐに汚くなり、気がよどんでしまいます。

そうした部屋ですごす人は、ますますおそうじをする気が失せてしまうことになります。

どんなにおそうじをしても、部屋のコーナーがきれいにならないうちは、その空間は本当の意味で「きれいな空間になった」とはいえないのです。

家具がある場合はその上と中をきれいに

部屋のコーナーに大きな家具などが置いてある場合は、おそうじのためにわざわざ動かす必要はありません。そうした場合は、その家具の中をきれいにすることが大切です。すぐにできなければ、せめて家具の上だけでもきれいに拭きそうじをしてください。ほこりが溜まっている状態は厳禁です。

もちろん、すぐに動かせるものならば、動かしておそうじを。ごちゃごちゃといろいろなものが置いてある場合は、できるだけすっきりと片づけてください。

人がよく集まる部屋の中心部分だけでなく、角を念入りにおそうじすることによって、その空間の気をよりクリアにすることができるのです。

One Point Advice

壁は節目ごとに拭きそうじを

壁は季節ごとに重曹水で拭き掃除を。空間が変わります。引越ししたときや新年を迎えるときもおそうじを。モップを使ってもOKです。

寝室のおそうじで運を再生！

ベッド下のほこりは運気の低下に

人は寝ている間に身体に溜まった毒素を排出して、運気の再生、補充を行います。この先の運気を築くためには、新しい運を補充してくれる寝室の環境がとても重要になるのです。

寝室のおそうじのポイントは角。寝室で特に汚れている場所がない場合は、コーナー部分からおそうじをして、ベッドの下や、枕元のおそうじをしてください。

布団ではなく、ベッドで休んでいる人の場合、ベッドの下にほこりを溜めないように注意しましょう。

人は眠っている間にさまざまな運気を吸収しますので、ベッドの下にほこりが溜まっていると、就寝中にその気を吸収してしまうのです。掃除機をしっかりかけたり、おそうじシートが交換できるモップなどでほこりを取ってください。

ベッドの下に収納スペースがある場合は、ごちゃごちゃとさせず、自分の衣類や寝具だけを収納しましょう。もちろん、きれいにきちんと整理・収納することが大切です。

枕元や目覚めて目にする場所にも注意

また、寝ている間は、人は頭の上から気を吸収していますので、枕元はす

っきりと整理を。読みかけの本を何冊も置くなど、乱雑にならないように注意してください。

さらに、人は目覚めたときすぐに目にするものの気を吸収する性質があります。横になって、自分の視線がいく場所には不要なものを置かず、すっきりした空間を保ちましょう。目にする位置に花やグリーンなど生気のあるものを飾るのもおすすめです。

ごちゃごちゃしたものに布をかけて隠す方法もあるのですが、「布をかけて目隠しを」とお話しすると、布をずっとかけっぱなしにする人もいらっしゃるようです。あくまでも応急処置だということをお忘れなく。

よく乾いたシーツや布団を使うこと

眠っている間、人は完全に「水」の存在＝「陰」の存在になりますので、布団やシーツは「陽」の状態にしておくことで、「陰陽」のバランスを整えることができます。布団やシーツを「陽」の状態に保つためには、しっかり乾燥させることが大切です。太陽に当てたり布団乾燥機を使って、寝具は「陽」の状態に保ちましょう。

ベッド下の悪い環境は寝ている間に体に入る

人は寝ている間は「水」の存在となる

　以前、相談にいらした人で、原因不明の湿疹に悩まれている女性がいました。部屋を拝見したところ、原因はすぐにわかりました。ベッド下のスペースに毛皮を収納されていたのです。

　毛皮は動物の死骸《しがい》と同様のもの。それをベッドの下にしまうということは、「死んだ気」と一緒に寝ていることになります。

　人は寝ているときは「水」の存在となり、普段よりも環境から受ける気を吸収しやすくなっています。また、睡眠中は活動の気が弱まるため、死んだものとの波長が合いやすくなりますので、ベッドの下には、くれぐれも毛皮やドライフラワーなど、「死んだ気」をもつものを収納しないように気をつけましょう。

その女性は毛皮をほかの場所へ移動したところ、2か月後には湿疹がきれいに消えたそうです。

自転車など「動」の気をもつものもＮＧ

ベッドの下のスペースには、折りたたみ自転車やダイエット機器など、「動」の気をもつものを収納するのもＮＧ。「動」の気は、ケガや事故を誘発します。

特に体が弱い人や病気の人の場合は、ベッドの下にはできれば何も置かずに、きれいにおそうじしたスペースにするの

がおすすめです。

妊娠中はベッドの下を清浄に

妊娠中は、自分の寝ている空間の下に「子どもに与える生気」が宿ります。フローリングの場合は掃除機を使わず、静かにささっとほこりを取り除きましょう。

また、妊婦さんはお腹の赤ちゃんを安定して育てるためにも、横になったときに目に入る場所に、折りたたみ自転車など「動」の気をもつものを置かないように注意しましょう。

One Point Advice

ベッドの下も整理整頓

寝ているときに気を吸収してしまうので、ベッド下の収納は整理整頓を心がけて。しまうものも衣服など気を吸っても問題ないものに！

水まわりをきれいにすると金運が増える

シンクまわりの汚れは金運に直結

キッチンは金運の要。特に水まわりにカビ、雑菌などがあると、そこが金運を消耗する金毒《ごんどく》（悪い金の気）の巣になってしまいます。特にシンク、排水口の生ゴミバスケット、三角コーナー部分などに生ゴミのぬめりがあると、いくら頑張っても金運が上げられない体質になる可能性も。これらの部分は念入りにおそうじをすることが大切です。

排水口のぬめりには銅が効果的。市販されている銅製の生ゴミバスケットを使うのもおすすめです。

お風呂を磨くと楽しみごとや金運が増える

お風呂は、自分の楽しみごとや容姿の美しさ、金運など、さまざまな運を増やしてくれる場所。清浄に保つことがとても大切です。

お風呂場は一日の終わりに、その日に溜まった悪運を流すところでもありますので、そこが汚れた状態では、悪運がうまく流れていかず、また自分に戻ってきてしまうことになります。

人は、悪いものを流してはじめて、新しい運気を再生します。体や心に溜めてしまった悪運を流さずにいると、運の代謝が悪

くなり、疲れやすくなるばかりか、物事のタイミングがずれてしまう「運の悪い人」になってしまうのです。

お風呂まわりは、いつもピカピカにしておくことを心がけてください。

湿気やカビには注意する

お風呂場に湿気がこもると、悪い気が生じる原因になります。最後にお風呂に入った人は、必ず浴槽のお湯を捨てるように習慣づけましょう。

残り湯を洗濯に使いたい場合は、浴槽に炭やトルマリンなど、水を浄化してくれるアイテムを入れると、お湯にこもった悪い気をクリアにすることができます。

また、お風呂を出るときに、使い終わったバスタオルで浴室内を拭いておくと、カビなどの発生を防ぐことができます。

健康運と金運をアップする トイレのおそうじ方法

トイレは「水毒」が溜まりやすい

水まわりの中でも、トイレはもっとも「水毒」が溜まる場所です。その家のトイレがきれいな状態であるかどうかは、そこに住む人の健康運に大きな影響を与えます。

トイレが汚れていると、体力や気力が衰えるばかりか、女性の場合は女性特有の病気を、男性の場合は細胞関係の病気を引き起こす原因にもなります。

また、トイレは「お金」を増やしてくれる場所でもありますので、いつもきれいにしておくと、お金のめぐりのよい人になれるのです。

たかがトイレくらいで……などと軽く考えず、しっかりとおそうじをしましょう。

トイレのおそうじは、必ず床から行ってください。時間がないときは、床さえきれいにしておけばよいというほど、床の状態はトイレの運に重要です。トイレの床を毎日水拭きするだけで、体力、気力を蘇らせ、健康な体をつくることができるのです。

拭きそうじには、使い捨てのお掃除用シートなどを使ってもよいでしょう。雑巾《ぞうきん》ならおそうじ後によく洗い、最後に塩水ですすぎ、天日で乾燥させてください。

〈トイレそうじのポイント〉

❶床を水拭きする

「水」の気は下にこもりますから、まず床をきれいにしましょう。タンクの下なども忘れずに拭いてください。床に少し塩をまいてから拭きそうじをすると、床にこもった気をクリアにできます。ときどきでかまいませんので実践してみてください。

❷便座を拭き、便器をブラシで洗う

便座を下のほうから拭いたら、便器をブラシで洗います。トイレ用洗剤を使わなくても、ちょっとした汚れなら重曹をふりかけて、少しおいてからブラシでこすればきれいに落ちます。

❸タンクを拭く

タンクには水滴がつきやすいので、カビなどが生えないようにきれいに拭きましょう。

❹壁を拭く

壁は意外にほこりが溜まりやすく、特に下のほうは汚れやすいもの。ときどきで結構ですから、壁も拭きましょう。

1. トイレの床を
水拭き
2. 便座を
拭いて
便器をブラシで
洗う
3. タンクも
拭いて
4. 仕上げは
壁の水拭き

おそうじに使う塩や重曹は、手の届く場所に

おそうじに使う塩や重曹は、フタつきのガラスの器などに入れて浴室や洗面所に置いておくと、おそうじのときにすぐ使えて便利です。入浴剤代わりにも使えます。多少、湿っても問題はありません。

塩は、ローズソルトなど色のきれいなものを使うのも、よい運を呼び寄せるのに効果的。好きな香りのエッセンシャルオイルを混ぜるのもおすすめです。

One Point Advice

おそうじ用の塩にオイルを混ぜるなら?

おそうじに使う塩にエッセンシャルオイルを混ぜるときは、ペパーミント、レモン、ラベンダー、ユーカリがおすすめです。

Chapter 5
見逃しがちな部分も徹底的におそうじ!

前章までで住まいの大部分がきれいになったことでしょう。
でも、まだまだ大切なポイントがあります。
「クローゼット」「ソファ」「家電の裏」など、運気上昇に欠かせない場所のおそうじ方法を解説します。

収納スペースのおそうじで「運の貯金」ができる

ものを取り出すたびに拭きそうじを

収納スペースは運を貯める場所、すなわち「運の貯金箱」です。そこがごちゃごちゃと汚れた空間では、上手に運を貯めることはできません。

晴れた日には、収納の中のものを取り出し、まずは収納内の拭きそうじから始めましょう。

また、収納の中は「気」がとどこおりやすいので、何かひとつ取り出したら、そのスペースを拭くようにすると、収納の中の「気」をクリアにすることができます。

お香を焚《た》いてスペースの浄化を

さらに、収納の中でときどきお香を焚くのもおすすめ。煙が空間を清浄化してくれます。グリーン系、シトラス系などさわやかな香りのお香を使いましょう。収納の扉は必ず開けたままで焚いてください。煙が出ないアロマは浄化には向きません。

ただし、収納スペースは布団や衣類などもあるので、くれぐれも火にはご注意を。中のものをすべて取り出し、スペースをつくってから行いましょう。

お子さんがいらっしゃる家庭では、特にご注意ください。

One Point Advice

空間の浄化をするときのお香は?

ユーカリ、ミント、レモンといった、さわやかなお香がおすすめです。ただし、周囲に燃えやすいものを置かないように!

クローゼットは角のほこりを取り 押入れは拭きそうじを

クローゼットはコーナーと上下の汚れに注意

　クローゼットなど衣服を収納する場所は、「風」の気をスムーズにすることで運気が生じます。中が乱雑だったり汚かったりすると、それだけで「風」の気がとどこおってしまい、そのとどこおった状態が、さまざまな運気を遠ざけ、特に「縁」に関する運気を妨げることになってしまうのです。

　特にほこりには注意しましょう。衣類に悪い運が定着してしまいます。おそうじをするときは、コーナーの部分と、上部の収納部分、床部分を念入りに。それらのほこりを取り除くことでクローゼットの中の「風」の気を動かし、運気を活性化することができるのです。

押入れの中は拭きそうじ

押入れには、ものをたくさんしまい込みがちですが、奥にあるものをときどき取り出して、それが必要かどうか考えてみましょう。必要のなくなったものは捨てたり人に差し上げたり、ものを定期的に見直して処分していくことが大切です。

おそうじをするときは、入っているものをいったんすべて外に出し、ほこりを拭き取るとともに、中もきれいに水拭きしましょう。よく乾いたら、必要なものだけ整理しながら押入れに戻します。水拭きは、晴れた日に行いましょう。

押入れは、ものがギュウギュウに詰め込まれた状態にしておくと、自分に貯まるはずの運がどんどん失われることになります。「押入れは運を溜めるスペース」だと思って、きちんとした収納を心がけましょう。

One Point Advice

クローゼットのお掃除の頻度は?

クローゼットや押し入れを拭くおそうじは年1回でOK。拭いたあとは、扇風機などで風を送ってしっかり乾かしてから布団等の収納を!

ソファは自分の運をあずける場所

ソファの下とカバーの汚れに注意

ソファは、自分がリラックスして座れるかどうかによって、そこからよい気を受け取れるかどうかが決まります。自分の体をあずける場所は、運をあずける場所でもあります。ソファまわりが汚れているとその汚れた気を吸収してしまいますので、いつもきれいにしておきましょう。

ソファ下にほこりを溜めてしまうと、うっかりミスからのトラブルを起こしやすくなります。また、探し物がいつも見つからないなど、なくし物も多くなりがちですから、ソファの下もしっかり掃除機をかけましょう。

布製のソファの上に溜まったほこりやゴミを取るときには、重曹をソファにふりかけ、重曹ごと吸い取りましょう。このとき、ソファの隙間に入った重曹も忘れずに吸い取ってください。ソファの布にこもった悪い気をクリアにすることができます。

カバーを交換できない場合は、布が汚れたらそのままにせず、天然成分配合の汚れ取りクリーナーや液体石鹸を薄めたものをつけて、たたくように拭き取りましょう。どうしても家で汚れを落とせない場合は、ソファクリーニングに出すのも方法です。

きれいなクッションで運の補充を

クッションは自分の運を補充してくれるもの。薄汚れたものを使っていると自分に補充される運も薄汚れたものになってしまいます。まめに洗濯をして、いつも清潔なものを使うようにしましょう。

クッションカバーは、その季節に合ったデザインや素材のものを使うと、さらに強力に運を補充してもらえます。

家電製品の裏のほこりはトラブルの原因を生む

ほこりで今後の運が左右される

家電の裏は、家中でもっとも悪い「火毒」が溜まる場所です。「火毒」は争いごとやトラブルの原因をつくりますから、身のまわりにトラブルが多いと思われる人は、家電のまわりが汚れていないか、ほこりが溜まっていないか、確認してみることをおすすめします。

テレビの画面などは一見きれいに見えても、実はとても汚れています。おそうじのたびに、必ずさっと拭きましょう。

One Point Advice

意外なところにほこりが！

光触媒の観葉植物を置いている方も増えているようですが、ほこりが溜まりやすく、悪い空気も溜まってしまうので、ご注意を。

テレビの裏もほこりが溜まりやすい場所です。ここが汚れていると、これでもかというほど、次々とトラブルに見舞われやすい人になります。テレビのまわりは、ほこりを取り除くことを重視してください。

家電のコード類がごちゃごちゃしているのもNG。人間関係のトラブルが生じる原因ですので、きちんと束ねてまとめておくことが大切。

すべてのことがスムーズに運ぶ人は、家電まわりのおそうじが行き届いている人です。家電まわりの状態は、これからの自分の運を大きく左右しますから、こまめにおそうじをしてください。

照明器具は「太陽の代わり」

また、照明器具にほこりが溜まってしまうと、「陽」の気が貯まりにくい空間になります。照明は太陽の代わりをしてくれるもの。いつもきれいにしておくことで、空間の「陽」の気の吸収率を高めることができるのです。

季節の変わり目には、照明のカバーを外して汚れを取り除きましょう。もちろん、電球も忘れずに拭いてください。

鏡や窓をピカピカに磨くとトラブルを解消できる

鏡や窓は上から下に拭きそうじを

鏡や窓は、基本的には上から下に拭きそうじをします。

鏡や窓など「火」の気に属するものは上のほうに運が貯まるため、上から下に拭くことで、上に貯まった運を下のほうにバランスよくもってくることができるのです。

また、鏡を上下にひと通り拭いた後、容姿をきれいにしたい人は横拭きに、自分のステータスを上げたい、仕事運をよくしたい、自分自身を向上させたいという人は縦拭きにもう一度拭くと、それぞれの運気を得やすくなります。

窓ガラスは内側、外側、どちらから拭いても問題ありませんが、人間関係のトラブルがある場合は外側の面から、家庭内にトラブルがある場合は内側の面から拭くと、そのトラブルを緩和させるのに効果があります。

網戸は重曹水で拭くと運の汚れを取り除ける

「衰気《すいき》」は窓から出ていきますので、窓にはめられている網戸は、運気の汚れが詰まりやすい場所といえます。

この詰まりを取り除くためには、重曹水で絞った雑巾《ぞうきん》で網戸を拭くのが効果的です。家の中に入ってくる「風」の流れをよくし、新しい運気を呼び込むことができるのです。特

に、網戸は風がある日におそうじをすると、そのパワーが強まります。

清潔なカーテンで「気」の流れがよい家に

カーテンをまめに洗えば洗うほど、気の代謝がよい家になります。カーテンを清浄な状態に保つことは、空間の運気を活性化させることにつながるのです。レースのカーテンだけでも、まめに洗うよう心がけましょう。

家で洗えない場合は、季節ごとか半年に一度、クリーニングに出しましょう。また、天然の香りのリネンウォーターをカーテンにスプレーすると、気を清浄化することができます。

金運が欲しいなら火のまわりと冷蔵庫の中を整理

ガス台まわりの汚れは金運を燃やす

火のまわりの汚れは、衝動買いや無駄遣いなどを誘発する原因。お金をどんどん失うことになりますので、金運アップのためにはおそうじが大事です。

特にこびりつきや油汚れ、油ハネには気をつけて。油は目に見えないところにもハネていることが多いので、そういった部分もよく拭き取りましょう。

ガス台にこびりついたコゲは、もって生まれた自分の金運を消耗させてしまう原因になります。しっかり落としてください。

IH式のキッチンの場合は天板をきれいに拭くことが大切。ふきんに重曹水をほんの少しだけ含ませて拭くと、悪い金運がリセットされて無駄遣いを減らせます。

冷蔵庫の食材も金運に関係する

冷蔵庫の中にいつまでも古い食材を保存したり、冷蔵庫の中が汚れていたりすると、金運を消耗しやすい体質になります。

食は「金」の気をもつもの。また、冷蔵庫は電化製品ではありますが、「冷やす」という「水」の気をもつものでもあります。

「金」の気は「水」の気によって増えるという性質がありますが、冷蔵庫の中が悪環境だと、悪い意味での金運が増幅され、その環境は「陰」に傾きます。「陰」は金運を増やすどころか、金運を消耗しやすい体質をつくることになってしまうのです。

冷蔵庫の中は食材管理をしっかり行って、賞味期限の切れたものや、不要な食材は溜めず、こぼれた調味料はその場で拭き取るなど、まめなおそうじを心がけましょう。

One Point Advice

換気扇やレンジをきれいに

換気扇は半年に1回、本体からファンを外してしっかりと、レンジは使用頻度が高いため、庫内をまめに、どちらも重曹水でおそうじを。

クエン酸水でおそうじ

冷蔵庫内はクエン酸水をスプレーしてきれいなタオルで拭き取ると、悪い気と汚れがすっきりと落ちます。食品を保管しておくスペースですので、体に害のない洗剤を使いましょう。

冷蔵庫にマグネットは貼らない

内側のおそうじをしたら、冷蔵庫の外側も拭きそうじを。特に冷蔵庫の前面部分は念入りなおそうじを心がけましょう。

冷蔵庫にカレンダーや料理レシピ、マグネットなどを貼っていると、金運ダウンの原因となります。それらは外してください。

雨の日の水まわりのおそうじで愛情運、金運が増える

雨の日におそうじをするとよい場所

おそうじは晴れた日にするものと思いがちですが、雨の日のほうが効果的な場所もあります。それは水まわりです。

雨の日に水まわりを清浄にすると、「水」の気の作用で愛情、お金など、さまざまな運を増やすことができます。雨の日には、キッチン、洗面所、お風呂場など水まわりのおそうじを重点的に行いましょう。

洗濯物を部屋に干すと「陰」の気が…

雨降りの日に洗濯をする場合は、乾燥機を使って乾かすのがおすすめ。

洗濯物を部屋の中に干すと、雑菌が生じ、嫌な臭いが発生しやすくなります。雑菌の臭いを空間が覚えてしまうと、「縁」に関する運気をダウンさせ、また、何をやってもうまくいかない自分をつくることに。

乾燥機を使わない場合には室内干し用の洗剤を使って、できれば扇風機などで風を当てて、早めに乾かしましょう。

洗濯物を干すことによって生じる「陰」の気を空間が覚えないように、シトラス系や、ユーカリなど殺菌作用をもつグリーン系の香りを焚《た》くのもおすすめです。この香りは、空間の悪い気を吸い取り、清浄化してくれる効果があるのです。

常に部屋に洗濯物を干していると、その空間は悪い「水」の空間となり、空間から運気を得ることは難しくなります。なるべく部屋の中に干しっぱなしにするのはやめましょう。

下着など、乾燥機にかけたくないもので、外に干すことにも抵抗があるという場合には、浴室に干すのがおすすめです。

小さいお子さんがいるなら子どもの目のいく場所と床に注意

女の子は見たものの影響を強く受ける

お子さんがいらっしゃる家庭では、床のおそうじは特に念入りに行ってください。小さな子どもは「大地」に近く生活しているため、そのパワーを受けやすく、床からの影響を受けやすい存在なのです。

また、子どもは「見るもの」と「隠れたところ」から運気を吸収します。

目にしたものがそのまま、その子の運になり

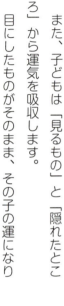

ますので、子どもの目線に何が映るかを常にチェックするよう心がけて。お子さんに悪影響と思われるものは置かないように気を配りましょう。

特に女の子の場合、いつも目にしているものがそのまま、その子の容姿に影響を及ぼします。顔立ちが変わるということではなく、小さいときにいつも目にしていたものが、その子のイメージとなって記憶されてしまうのです。なるべくきれいでかわいいイメージのものが目に入るようにしてあげましょう。

見えない場所の状態は性格に影響する

さらに、収納や押入れの中、家具の裏など、家の中の隠れた場所の状態は、お子さんの性格に影響を与えます。そういった場所が汚れていたり、きちんと整理されていないと、お子さんが悪い気を発散することができずに、ストレスを募《つの》らせやすくなって、内向的だったり、粗暴な性格に育ちやすくなります。

素直なお子さんに育ってくれるように、部屋の中の

One Point Advice

おもちゃは月1回おそうじを

おもちゃは、月に1回、収納用のボックスからすべて出し、不要なものがないかどうかを分別しながら、重曹水で拭いていきましょう。

目立たない場所も、いつもきれいにおそうじをしてあげてください。

もちろん、おもちゃが出しっぱなしだったり、おもちゃの置き場所が汚れているのもNG。こうした空間で育つ子は、自制がきかなくなったり、勉強しない子どもになりやすいのです。整頓を心がけ、汚れはまめに拭き取ってください。

古いおもちゃや壊れたおもちゃなどは、いつまでも取っておかずに処分してしまいましょう。

子どもは手に触れるものから運気を吸収する

子どもは、手に触れるものから直接運気を吸収します。小さいお子さんがいらっしゃる家庭では、特に洗剤には気を配ってください。化学系の洗剤は手から口に入ったり、肌からも悪い気を吸収してしまうおそれもあります。天然成分系のものを使うことを強くおすすめします。

Chapter 6
「捨てにくいもの」は この方法でスッキリ処分

人形やお守り、いただいた手づくりの作品……。
使っていないけれど、
どうしても捨てにくいものがあります。
けれど、これらを取っておくのは
運にとってはマイナス。
正しい方法で処分してあげましょう。

人形は「気を分け合う」存在。思い入れのないものは処分

一体ずつ和紙にくるんで処分

人形やぬいぐるみは、気に入ったものをいくつか部屋に置くのは問題ありませんが、たくさん飾りすぎるのは避けたいものです。その家の住人が受けるはずの運気を、人形と分け合うことになるからです。

部屋にいらない人形やぬいぐるみがないかもう一度見直してみて、本当に気に入ったもの以外は思い切って処分することをおすすめします。その場合、ほかのゴミとは分けて紙袋などに入れ、晴れた日に捨てるようにします。

大切にしていた人形やぬいぐるみなどを捨てるのは抵抗があると思いますが、ひとつひとつ和紙や布でていねいに包んであげて、感謝してから捨てるのであれば、

そのものの魂を再生させることにもつながります。ビニール素材や化学繊維など「再生」しないもので包むのは避けましょう。

顔の汚れに注意

もうひとつ気をつけたいことは、人形の顔が汚れないようにしてあげること。

人形の顔を汚してしまうと、それをもっていた人の容姿に悪い影響が出るとされています。顔が汚れている人形は、きちんと拭いてきれいにしてあげてから捨ててください。

お人形は和紙や布で包んで

神社やお寺にお願いするのもいい

祈願など、ご両親が願かけをした人形などは、やはりそのまま捨てるのはおすすめできません。

引き取ってお焚き上げなどをしてくれたり、魂を抜いてくれる神社やお寺があるはずですので、そういったところにお願いしてみましょう。

One Point Advice

トロフィーや表彰楯《たて》の捨て方は？

トロフィーや表彰楯といったステイタスに関するものを捨てるときは、白い袋や、金糸などが入った和紙に包んで捨てましょう。

鏡は塩拭きして白い布に包んで捨てる

鏡を新調すると新たな運気を得られる

運気をリセットしたい人は、小さな鏡をときどき替えてみるのもおすすめです。鏡を替えることは、自分の運を替えることにつながるからです。

ダイエットしたいときに不要な鏡を捨てると、体の中に溜まっていた悪いものを流し、代謝を上げることができます。その反対に、不要な鏡をいくつも置いておくと代謝の低下を招きますから、注意が必要です。

手鏡をはじめ、ファンデーションのコンパクトなど、化粧品のケース内側の鏡も同様です。使っていない鏡がある人は思い切って処分すると、美容面での効果が得られます。

少し割ると悪運をリセットできる

鏡を捨てるときは、まず塩水で絞った雑巾《ぞうきん》できれいに拭いてください。できれば最後に花やグリーンなど、生気のあるものを映して。そして鏡に何も映らないように、白っぽい布や光沢のある布でくるんでから捨てましょう。

さらにいえば、鏡は少し割ってから捨てると、今までの悪運をすべてリセットできます。

ただし、割るときは、くれぐれもご本人やご家族がケガなどをされないように注意して。いらないタオルやシーツなど厚手の布でくるんで、その上からたたい

いらない布でくるみ
たたいて割って
捨てると悪運を
リセットできる

鏡は
塩水で絞った
雑巾で拭く

て少し割ると、破片が飛び散るのを防げます。

リセットしたいものがない場合や、大きな鏡を捨てる場合は、そのまま捨ててしまってかまいません。

割れた鏡は容姿に悪い影響が

注意していただきたいのは、ひびが入ったり、割れた鏡を使い続けること。割れた鏡を使い続けると、外傷を招くおそれがあります。

実際に割れた鏡を使い続け、割れた部分にいつも映り込んでいた頬に、大きなケガをした人がいます。

たとえ少しだけでも、割れた鏡は正しい方法ですぐに処分してください。

One Point Advice

鏡に傷があるときは

自分の姿が映っていない箇所にある傷なら問題ありません。ただ、一度その存在を知ってしまった傷は気になるもの。買い替えの検討を。

お守りやお札は神社やお寺に返すこと

運気を得られるのは1年間

お守りやお札は、基本的に、いただいた日から1年間が寿命だと思ってください。それをすぎたお守りやお札からは、運気を得ることはできません。感謝の気持ちをもって、なるべく早めにお返ししましょう。

神社でいただいたものは神社へ、お寺でいただいたものはお寺へお返しします。

もちろん、それをいただいた神社やお寺にお返しするのがベストですが、そこへ出かけられない場合は、ほかの神社やお寺でも問題ありません。神仏に関するものは、絶対にそのままゴミ箱に捨てたりしないこと。もち帰ったおみくじなども同様です。

男性は奇数日、女性は偶数日に

お返しする日にこだわる必要はありませんが、男性は奇数日、女性は偶数日にお返しすると、新たな運気を得ることができるとされています。

また、仕事運や恋愛運を願ったものは午前中、健康運や家庭運、結婚運を願ったものは午後1時すぎにお返しすると、その運に関して、新たな運気が与えられるとされています。

午後にお返しする場合は、「陰」の時間帯となる午後4時までにお返しするようにしてください。

使わないプレゼントなら新品でも思い切って処分

贈り主を知らない人に差し上げる

せっかくいただいたプレゼントでも、使わないと思うものは、ほかの人に差し上げるのもひとつの方法。差し上げる人も、自分で使う予定のないものは、明らかに「不要なもの」です。思い切って処分を。

使わないものをたくさん所有することは、それがたとえ新品であっても、自分の運の発展を妨げるものになるのです。

過去にお付き合いしていた人からの贈り物や、あまり好きではない方からのプレゼントを捨てられずにいる人は、その贈り主をまったく知らない人に差し上げてしまいましょう。

ただし、一度でも会ったことがある人に差し上げるのは、贈り主の気を媒介してしまうので、おすすめできません。

そうしたものを差し上げるときは、その品物を太陽に当てたり、お香などの煙に当てて浄化してからにしましょう。また、贈り主についての事情はお話ししないで差し上げて。

運の悪い人からの贈り物は手元に置かない

明らかに運が悪いと思われる人からのプレゼントも、その贈り主の運や気を吸収することになるので、自分にとって運のいいものとはいえません。申し訳ない言い方になりますが、たとえ高価なものであっても、今後の自分の運のために処分することをおすすめします。

晴れた日に、家のゴミを捨てる際に処分してしまっても問題ありません。午前中に捨てるのがポイントです。

引き出物を捨てるなら一度でも使ってから

使用すると幸運の気を得られる

お祝いの席でいただいた引き出物には、結婚されたふたりの幸せな気が宿っています。それを使うことは、お祝いごとの気を自分も受けることになりますから、できれば活用してください。

ただ、好みの品でないなど、使用しないものであれば、処分してしまっても問題はありません。その場合でも、一度は使ってから捨てることをおすすめします。たとえ一度でも使うことで、お祝いごとから生じる幸運の気を得られるからです。

お祝いの席でいただいた品を捨てる場合は、必ず白い紙に包んで捨ててください。

フリーマーケットに出したり、欲しいという人がいれば差し上げて活用してもらうのもいいでしょう。

離婚したカップルのものは処分を

また、いただいたものの使い勝手がよく、大変気に入ったものであっても、そのご夫婦が別れてしまった場合には、引き出物も処分したほうが無難です。離婚されたことを知らずに使っているのは問題ありませんが、知った場合は、そのものに「別れ」の気が生じてしまいます。

喜びごとに関する品は捨てにくいと感じるかもしれませんが、使わずに取っておくのは、むしろ自分の運を停滞させるもと。使えるものは大いに活用し、使わないものは思い切って処分しましょう。

別れた恋人の写真は新しい恋愛を妨げる

写真の中の「縁」は継続している

写真は、その「時」の気を記憶しています。過去の恋人の写真をいつまでも取っておくと、その「縁」はまだ継続しているとみなされます。そうした写真をもっているかぎり、新しい出会いのチャンスは妨げられることになるのです。なるべく早めに処分することをおすすめします。

「縁」を切るには晴れた日に捨てる

処分したい写真は、次の方法で捨てましょう。

写真が何枚もある場合は、写っているところを見えなくするために、写っている面同士を合わせます。そして白い布で包み、晴れた日の午前中に捨てます。晴れた日は「火」の気が強いので、過去の縁と上手に別れることができます。

写真が1枚の場合は、写っている面を内側にし、2つ折りにして捨てましょう。

新しい縁がなかなか訪れないという人は、不要な写真をもっていないかをチェックして。終わった縁はしっかりと切ることで、次の縁を呼び込むことができるのです。

不要な手紙を取っておくと若さや発展運に悪い影響が

よくない手紙は白い紙に包んで捨てる

紙は「木」の気をもちます。古い手紙を溜め込むと、「木」の気のもつ若さや発展運に悪影響を与えます。

手紙は一度読み終えたら、心から「取っておきたい」と思うもの以外は処分してしまいましょう。

普通の手紙ならそのまま捨ててしまっても問題ありませんが、あまり好きではない人からの手紙や、よくない内容のものは、シュレッダーにかけて捨てるのがおすすめです。シュレッダーがない場合は、手紙を白い紙で包んでから捨ててください。その場合、できれば午前中に捨てましょう。

よい知らせは大きな封筒に入れて処分

自分への感謝の手紙や、好きな人からの手紙、特別によい知らせなど、取っておきたいと思う手紙は、通気性のよいカゴなどに入れて収納してください。

いただいた手紙を取っておくか、あるいは捨てるかの判断は、読み返したくなるような内容であるかどうかによります。

よい内容の手紙でも読み返すことがないものは、次のような手順で捨てましょう。

まず大きい封筒を用意します。

そこにもらった手紙をきちんとたたんで封筒ごと入れ、そのまま捨てます。そのときは、感謝をしてから捨てることが大切です。

捨てられない手づくりの品は再利用を考える

好きな方の作品はなるべく活用

手編みのセーターや趣味の油絵など手づくりの作品には、その人の気が強くこもっています。好きな方やご家族からいただいたものならば、できるだけ活用されることをおすすめします。

しかし、流行遅れになってしまったり、趣味に合わない作品は「処分したいけれど、どうしても捨てにくい」と、お悩みの方もいらっしゃるのではないでしょうか。

自分にとって必要ではないもの、気に入っていないものを所有することは、それがたとえ心のこもった手づくりの品であっても、残念ながら自分に運をもたらすものになりません。

できれば処分するか、それを活用してくださる人に差し上げることを考えましょう。

捨てる場合は、プレゼントしてくださった気持ちに感謝をしながら、紙袋に入れて捨ててください。たとえ、くださった相手が好きでない人であっても、感謝の気持ちを込めて捨てることが大切です。

毛糸のものは編み直して

手編みのものは、毛糸を一度ほどいてほかのものに編み直すなど、別の形で活用するのがおすすめです。自分で編むことができない場合は、編んでくれる人にお願いしたり、編み物が好きな人に差し上げるのもいいでしょう。

特に、おばあちゃんが赤ちゃんのために編んでくださったものなど、真心がこもっているものは、毛糸をほぐしてお子さんに着せるものを編み直すなど、形を変えてなるべく活用しましょう。

どうしても捨てられなければ保管を

捨てられないけれど飾りたくない絵画などは、布に包んでしまっておきましょう。ムリに捨てることによって、「相手に悪いな」など、その後ずっと心に残ったり、自分がマイナスな感情をもつのは、運気にとってもマイナスです。

額から外せるものなら、くるくると丸めて保管を。ときどき手に取って鑑賞すると、そのものに生気を与えてもらうことができます。

刃の欠けた包丁は金運ダウンのもと

塩水につけてから捨てるとよい

包丁は「金」の気をもちます。「金」の気は金運に直結しているので、刃の欠けた包丁をいつまでも使い続けることは、金運ダウンにつながります。欠けた包丁は、早めに処分してしまいましょう。

包丁は、食に関する豊かさを与えてくれるものですが、同時に、肉や魚を切ったものでもあります。浄化のためにも捨てる前に一度、塩水につけてから捨ててください。できれば一日ほど塩水につけると、包丁を清浄化することができます。

包丁などの刃物類は、雨の日に捨てるのがおすすめです。刃物は本来、殺生につながるものですから、「陽」の日でなく、「陰」の日に返すことが大切なのです。

包丁だけをシルクや黒い布に包む

ほかのものと一緒に捨てるのではなく、刃物だけをシルクの布や、黒っぽい布にくるんで、天気の悪い日に捨てましょう。黒は強い「水」の気をもち、「水」には「増やす」という意味がありますので、金運が増える効果があるのです。

ここまでするのが大変な場合は、光沢のある布に包んで黒っぽい紙袋に入れ、普通にゴミとして出しても問題ありません。

セラミックの包丁は「土」の気をもちますので、普通に布でくるんで捨てれば

1.包丁は一日ほど
塩水につける

2.シルクか
黒っぽい布で
くるんで
捨てる

問題ありませんが、やはり刃物ですので、晴れた日よりは、曇りや雨の日に捨てるのがおすすめです。

ただし、例外もあります。金運が非常に悪いとき、あるいは借金、負債など何かマイナスを背負ってしまったという人は、晴れた日に刃物を捨てることで、マイナスの金運を自分から切り離すことができます。

One Point Advice

刃物の処分法は基本的にすべて同じ

文房具のカッターやハサミ、日曜大工ののこぎりなど、刃物の処理は、本文で紹介した包丁と同様の扱いになります。

お茶碗は割って捨てると悪運をリセットできる

割って捨てると新たな運を得やすい

お茶碗などの食器類は、自分の気に入ったものを使うことが大切。安っぽい食器や気に入らない食器を使っていたり、ずっと使っていない食器を溜め込むのは健康運や行動力ダウンのもと。思い切って捨てることが大切です。

お茶碗など必要のなくなった食器を捨てるときには、食器にこもった気をリセットしてから捨てると、新たな運を得やすくなります。食器にこもった気をリセットするには、食器を少しだけ割ってから捨てること。シンクの中や危なくない場所に新聞紙を広げるなどして、そこで注意しながら割りましょう。

こうすることで、悪い運を溜めない体質をつくることができるのです。お茶碗のまわりにあらかじめガムテープなどを貼っておき、割った破片が飛び散らないようにするのもおすすめ。くれぐれも、ご本人やご家族がケガをされないように気をつけて行ってください。

使わない食器は処分すること

どうしても割るのに抵抗がある人は、一度塩水につけてから捨てると、同じように気をリセットできます。すでに欠けているものや、一度も使ったことのない食器なら、そのまま捨ててしまってかまいません。

使わない食器がたくさんある人は、気に入ったものとそうでないもの、使うものと使わないものとに分けて、不要と判断したものは思い切って処分しましょう。自分にとって不要なものを見極めることが、運をよくする第一歩です。

また、嫌なことがあったときは、お茶碗などいつも使っている食器をひとつだけ割ると、悪運をリセットすることができます。

Column

私のおすすめする簡単おそうじ①

〈スーパーナチュラル洗剤を使う〉

化学薬品や合成洗剤は悪い「火」の気をもっているので、おそうじには環境にやさしい植物性のスーパーナチュラル洗剤を使っています。ナチュラル洗剤ですが頑固な汚れを簡単に落とし、家の中の油汚れはもちろん、柔軟剤いらずでお洋服の洗濯までできてしまうという優れもの。二度拭きが不要なので、工夫次第でおそうじや家事が楽になりますよ。

〈アロマの香りのアルコールで空間清浄〉

空間を清浄に保つためにはさまざまな方法がありますが、一番簡単なのは「ランプベルジェ」という香りつきのアルコールを使って、拭き掃除をすること。

香りを焚《た》くだけでも抗菌や消臭効果がありますが、私はクロスに少量吹きかけて、拭き掃除に使っています。空間が清浄になるのが感じられますよ。

Chapter 7
運気を劇的に好転させる「空間の浄化法」

運を変えたいときや、
よくないことが起こったときは、
空間を浄化して気を清浄にしましょう。
なかなか片づけられない場所で行うと、
よどんだ気がクリアになり、
おそうじができる空間に変わります。

おそうじが苦手な人は塩とお線香で空間の浄化を

定期的に空間を浄化すると、いい運がついてくる

現在の空間を清浄にしなければ、「旺気《おうき》」は家の中に入ってきてはくれません。まずは部屋を清浄化することが大切です。

そのために、ここでは塩とお線香を使った「空間の浄化法」をご紹介します。定期的に行うことで空気が清浄になり、空間に溜まった悪いものを消し去ることができます。何かよくない出来事があったとき、運を変えたいとき、チャンスが欲しいときなどに行いましょう。

特に、おそうじが苦手な人は、この浄化法を行うことで、空間を汚い状態に固定させていた悪い気が清浄化され、おそうじができるようになります。

さらに、おそうじが終わった後にこの浄化法を行うと、空間が清浄な気を覚えて汚れにくくなるため、悪い運が空間に付着しづらくなります。

また、病気にかかったときなどはまめに浄化をすると、空間が清浄になってよい方向に向かい始めるはずです。

〈塩とお線香を使った空間の浄化法〉

まず、小さなお皿を4つ用意してください。そこに塩を盛り、お香かお線香を立てます。本数は1本、もしくは奇数本にしましょう。

お香ならシトラス系や、ユーカリなどグリーン系のものがおすすめです。煙で浄化しますので、煙が出ないタイプのお香では効果を得られません。天然ではないラベンダーの香りなども浄化には向かないので注意してください。

それぞれを焚《た》いて部屋の四隅に置きます。コーナーに家具がある場合は、その家具の横に置いてください。自分の腰の位置より低い家具なら、その上に置いてもかまいません。

部屋のドアは閉め、窓を少しだけ開けて、部屋の中央に立ちます。このとき、自分がなんとなく気になる方向を向いてください。

人は「陰」に傾く習性がありますから、自分が自然に向きたいと思った方向やなんとなく気になった方向が「陰の強い場所」になります。浄化は、この「陰の強い場所」に向かって行うと効果的です。

準備ができたら、刀をもっているようなイメージで、その刀を抜いて空気を切る動作を9回行います。人差し指と中指をそろえて、それで空気を切るようにしていただいてもかまいません。自分が空気を切っているというイメージを強くもつことが大事です。

その部屋からいったん出て、お線香が燃えつきた頃に戻り、お皿を回収してください。その間、誰もその部屋には入らないようにしましょう。

お香やお線香は、普通なら15～20分で燃えつきますが、空間に悪いものがたくさん溜まっている場合には、もう少し時間がかかるかもしれません。また、5分ぐらいで一気に燃えてしまった場合には、空間がまだ浄化されていない可能性もあります。もう一度、同じことを行ってください。

One Point Advice

長いお線香は折らない

お線香には、長いタイプと短いタイプが売っていますが、長いタイプを折って使うのは、動物を祀るときに行うことなので避けましょう。

1. 小さなお皿に塩を盛りお線香を立てる

2. 部屋の四隅に置いて火をともす

3. 刀をもっているようなイメージで空間を九回切る

〈行う順序〉

この浄化法は、キッチン、トイレ、リビングなど各部屋ごとに行います。すべての部屋を同時に行ってもかまいません。ひと部屋ずつや、何度かに分けて行う場合は、まず最初に、窓のない空間（トイレやお風呂など）の浄化から行います。次にメインの部屋の浄化を行い、そしてドアを少し開けて、玄関の浄化をしましょう。その後の順番に決まりはありません。

できればすべての部屋の浄化を一日で行ってください。午前中、遅くても午後2時頃までにやるのがおすすめです。空間の浄化法は、天の力をもらって行うため、太陽の光が必要なのです。

〈注意点〉

・浄化を行っている空間にいるときは、背中を丸めないようにします。
・テレビの音や音楽なども消してください。
・四角い空間でない場合は、部屋の角と思われる場所でかまいません。
・トイレなど窓のない空間は、ドアを開けて行います。

・押入れがある場合は、押入れも開けましょう。

・使った塩は、水に流してください。流し残しがないように、完全に流し切るまで水道水を出しっぱなしにします。

・お皿は浄化専用にして、絶対に食事などには使わないでください。食事用の食器とは別にして、食器棚の上など一番高いところに収納してください。

・お皿は毎回処分して、そのつど新しいものを使用してもかまいません。処分するときは、必ず少し割ってから捨ててください。

・台風など荒れた天候のとき、夜間などには行わないでください。

空間のよどみはお線香で調べられる

煙の流れる方向によどみが生じている

お線香を使って、空間のよどみを調べてみましょう。

方法はとても簡単です。窓を閉めた部屋の真ん中でお線香を1本（もしくは奇数本）、燃やします。

燃えつきるまでに時間が長くかかる場合や、お線香の燃えかすがクル

クルと渦を巻くような場合は、よどんだ気がそこにたくさん溜まっている証拠です。

また、風がない日にお線香を焚《た》いて、煙がどこに集中して流れていくかを見てみましょう。

煙が流れていく先に、よどみが生じています。

その場所を集中的におそうじしたり、花やグリーンなどを飾ってください。生気が悪い気を払ってくれます。

塩水や重曹で水拭きすると空間を清浄化できる

ユーカリやミントなどのオイルもおすすめ

時間がない場合など、塩を少し入れた水で布を固く絞り、さっと拭きそうじをするだけでも、その場所を清浄化することができます。

その水にさらにユーカリやミント、ローズマリー、ローズウッドなどのエッセンシャルオイルを数滴加えると、清浄化作用が強まります。

素材が傷まない程度に、壁やつくりつけの家具、キッチンのテーブルなどをさっと拭きましょう。

空間に清浄な香りを覚えさせると、散らかりにくい空間になります。散らかってしまいがちな場所ほど、塩やエッセンシャルオイルを水に加え、布を絞って拭きましょう。
おそうじの後にさわやかな香りが漂い、気分もすっきりしますので、ぜひ、お試しを。

強い運気が欲しいときはクリスタルの原石で浄化

部屋の四隅に置くと強い運がもらえる

空間を強力に活性化させたいとき、自分に強い運が欲しいとき、悪い気を吸い取らせていい気を中央に集めたいときには、石を使った空間の浄化がおすすめです。ただし、この方法は汚い空間で行っても、汚い気やよくない運を増幅させてしまうだけなので、必ずきれいにおそうじした空間で行ってください。

クリスタルを使った浄化法

部屋の四隅に、丸く磨いていない、クリスタルの原石を置きます。お皿やガラスなどの器に置いてもかまいません。

石に尖《とが》った角がある場合は、その角を家の中心に向けます。

クリスタルは週に一度、塩水につけて洗いましょう。汚れた石を置いておくと、石が吸い込んだ悪い気が空間の中で増幅してしまうことがあります。週1回、1時間ほど塩水につけ、普通に洗ってまた元のように置きます。

石の大きさは関係ありません。小さい石でも同じように効果があります。

柱状ではなく、丸型の原石をもっている人は、花瓶の中に入れて、お花を生ける花留めに使っても、空間を清浄化することができます。

One Point Advice

クリスタルの原石を買うときは

原石を買う場合は、運の悪い日に買ったり、運の悪そうなお店や暗い雰囲気のお店などで買うのはやめましょう。

シーツと枕カバーを9日間、交換してチャンスに強い体質に

新しいことを始めるときに

就職や転職など新しいことを始めたいとき、またチャンスや強い運気が欲しいときは、シーツや枕カバーを9日間、毎日取り替えてみましょう。

人は寝ている間に運気を吸収します。シーツや枕カバーを毎日、清浄なものにすることで、自分の望む方向へ運が動きやすくなり、チャンスに強い人になれます。新しい恋に出会ったときに行うのもおすすめ。その恋愛を自分にとってよい方向へ進ませることができます。

9日間がムリなら、7日間、続けてみましょう。

どうしても毎日、シーツを取り替えるのが難しい場合は、枕カバーだけでも取り替えると、多少効果は弱まりますが、チャンスが向いてきやすい体質になります。

また、日頃から枕は太陽によく干すようにしてください。その日に受けたよくない気は、夜、眠っている間に枕に溜まります。日に当てることで、溜まった悪い気をクリアにすることができるのです。

Column

私のおすすめする簡単おそうじ②

〈重曹を使っておそうじ〉

床の掃除をするときには必ず重曹を使います。私の家は石とフローリングの床なので、モップ掛けをするときにはバケツの水に少量の重曹を入れて、床を拭いていきます。それだけで床にこもる悪い気が清浄化されます。時間があるときは壁も重曹水で拭きます。大変そうに思われるかもしれませんが、サッと拭くだけなので重労働ではありませんし、何より空間がクリアになるのを体感できると思います。

重曹のザラザラ感が嫌いな人には、精油を使ったハーブビネガー水がおすすめ。重曹で拭き取った後、ビネガーと精油を混ぜた水でゆすぐように拭くと、重曹の粉がきれいに取れてさっぱりとします。

その他にも重曹は、消臭に使ったり、シンクやトイレ、洗面台などさまざまな場所で使用できるのでおすすめですよ。

おわりに　～新装版の刊行によせて～

「運のいい空間は清浄な空間から生じる」

「住まいの汚れはそのまま住む人の悪運になる」

そう聞いた後、自分の家を顧みない人はいなかったのかもしれません。それほどに本書は人々の心にインパクトを与えたようです。

私がおそうじと風水との関連についてお話ししてから15年以上の月日が流れました。その間、「家をきれいにしないと運が悪くなる」という意識は浸透し、皆さまの暮らしに根づいたように感じます。

清浄な空間から得られる「運気」を体感したのではないでしょうか。

この度、風水を仕事にするプロフェッショナルを育成するための「李家幽竹　空間風水学会」の設立に伴い、学会資格のひとつである「整理収納風水コース」の資格取得のためのテキストとして、本書を使用することとなりました。本書を読んで、風水整理収納・風水おそうじ術のプロフェッショナルを目指していただく方が、たくさんいらっしゃれば、うれしく思います。

もちろん、風水をお仕事にしなくても「お片づけ」「おそうじ」は、日々の暮らしと切っても切れないもの。清浄な空間で暮らし、そこから得る強力な運気をぜひ体感していただきたいと思います。

空間を清浄にする「おそうじ」には、人生を灯す魔法のような効果があることを、ぜひ実感してください。

「おそうじ」はイヤイヤするものでも、義務感からしなくてはならないものでもありません。自らの行動で住まいに魔法をかけて、この先の人生を楽しく豊かなものにしていきましょう。

李家幽竹

李家幽竹（りのいえ　ゆうちく）
「風水とは環境を整えて運を呼ぶ環境学」という考え方のもと、衣食住、行動全般にわたる様々な分野でアドバイスを行っている。講演、セミナーを中心に、テレビ、ラジオ、雑誌でも活躍。著書に『李家幽竹の開運風水』『李家幽竹の幸せ風水』『九星別　366日の幸せ風水』『李家幽竹　花風水カレンダー』など多数。累計発行部数は700万部を超える。
整理収納風水アドバイザーをはじめ、風水を仕事にする人材を育成するため、「一般社団法人　李家幽竹　空間風水学会」を設立し、理事長をつとめる。

●李家幽竹オフィシャルwebサイト
https://yuchiku.com/

●一般社団法人 李家幽竹 空間風水学会
https://feng-shui.or.jp/

悪運《あくうん》をリセット！　強運《きょううん》を呼《よ》び込《こ》む!!
新装版　おそうじ風水《ふうすい》

2006年12月１日　初版発行
2019年12月20日　最新２版発行
2020年９月10日　第２刷発行

著　者　李家幽竹 ©Y.Rinoie 2019
発行者　杉本淳一

発行所　株式会社日本実業出版社　東京都新宿区市谷本村町３−29　〒162-0845
大阪市北区西天満６−８−１　〒530-0047
編集部　☎03-3268-5651
営業部　☎03-3268-5161　振　替　00170-1-25349
https://www.njg.co.jp/

印刷・製本／図書印刷

この本の内容についてのお問合せは、書面かFAX（03−3268−0832）にてお願い致します。
落丁・乱丁本は、送料小社負担にて、お取り替え致します。

ISBN 978-4-534-05750-1　Printed in JAPAN

日本実業出版社の本

一般社団法人「李家幽竹 空間風水学会」指定図書

李家幽竹・著

定価 本体1300円(税別)

「運のいい人」になるポイントは「捨て方上手」になり、必要なものをよりよい状態で収納すること！ メディアでも活躍中の女性ナンバーワン風水師・李家幽竹さんによる空前のヒット作を、新たな運気アップ術をプラスして発売。あなたの人生が劇的に変わります。

定価変更の場合はご了承ください。